NICOLE STERN

Das Muße-Prinzip

arkana

Nicole Stern

Das Muße-Prinzip

Wie wir wirklich im Jetzt ankommen

arkana

Der Verlag weist ausdrücklich darauf hin, dass im Text enthaltene externe Links vom Verlag nur bis zum Zeitpunkt der Buchveröffentlichung eingesehen werden konnten. Auf spätere Veränderungen hat der Verlag keinerlei Einfluss. Eine Haftung des Verlags ist daher ausgeschlossen.

Dieses Buch ist auch als E-Book erhältlich.

MIX
Papier aus verantwortungsvollen Quellen
FSC® C083411

Verlagsgruppe Random House FSC® N001967

1. Auflage
Originalausgabe

in der Verlagsgruppe Random House GmbH,
Neumarkter Straße 28, 81673 München
Lektorat: Diane Zilliges
Umschlaggestaltung: Uno Werbeagentur, München
Umschlagmotiv: GettyImages/A-Digit; FinePic®, München
Satz: Buch-Werkstatt GmbH, Bad Aibling
Druck und Bindung: CPI books GmbH, Leck
Printed in Germany
ISBN 978-3-442-34205-1

www.arkana-verlag.de

Inhalt

Einleitung

Dieses Buch ist jenen gewidmet, die lernen wollen,
mit Muße, Klarheit und offenem Herzen zu leben.

Kennen Sie diesen Zustand? Sich treiben lassen? Nichts zu tun haben? Angenehme Lange-Weile? Sich einfach mal nur hinsetzen, ohne vollkommen erschöpft zu sein?

Das Getriebensein in unserer geschäftigen Welt lenkt oft von den wirklich wichtigen Dingen ab. Es schränkt die Möglichkeit ein, erfüllt zu leben. Wer ganz ehrlich zu sich ist, wird sich möglicherweise eingestehen, dass der Alltag oftmals darin besteht, unter Druck zu sein und keine Zeit zu haben, schon gar nicht, um sein wirkliches Potenzial zu entfalten.

Muss das so sein? Zum Glück nicht.

Etwas kann uns unterstützen, das in unserer Gegenwart kaum noch eine Rolle spielt, obwohl es uns allen so guttun würde: die Muße. Sie hilft uns, mehr im Jetzt anzukommen und das Leben mit Lebensqualität zu erfüllen. Wenn wir uns tiefer mit ihrer verwandelnden Kraft beschäftigen, dann erschließen sich uns ziemlich sicher weitere Freiheitsgrade. Sie wirken förderlich auf den Umgang mit uns selbst, in Beziehungen mit anderen und der Umwelt. Die Ausrichtung auf die Muße kann einen kleinen, doch wertvollen Beitrag in der Gestaltung einer heilsameren gesünderen Gesellschaft leisten und somit zu mehr Perspektive und Sinn führen.

Die Bedeutung der Muße

Über die Jahrhunderte hat sich die Bedeutung der Muße je nach gesellschaftlichen Werten und Epochen verwandelt und angepasst.

Im frühzeitlichen Ägypten wurde die Muße als Lebenshaltung der Oberschicht geschätzt. Griechische und römische Philosophen der Antike betrachteten die Muße als einen Idealzustand, in dem sich Charakter und Kreativität entwickeln können. Sokrates sah in ihr sogar die »Schwester der Freiheit«. Auch Seneca, Politiker, Philosoph und Erzieher von Kaiser Nero, hielt die Muße für unabdingbar und setzte sich in seiner Schrift »De otio« (»Über die Muße«) mit der Frage nach der richtigen Lebensform auseinander. Dabei brachte er seine Wertschätzung einer mußevollen Lebensweise zum Ausdruck, da sie dem Dasein eine Gleichmäßigkeit verleihe und es vor bedrohlichen Schwankungen bewahre. Noch bis weit in das Mittelalter hinein war der Müßiggang, der Weg zur Muße, im europäischen Kulturraum ähnlich positiv besetzt wie in der Antike. Das änderte sich jedoch in der Neuzeit. Von nun an galt als faul und untätig, wer sich der Muße hingab. Mit dem Protestantismus wurde die Muße als natürliche Feindin des neuen Arbeitsethos ausgemacht: »Von Arbeit stirbt kein Mensch, aber von Ledig- und Müßiggehen kommen die Leute um Leib und Leben; denn der Mensch ist zum Arbeiten geboren wie der Vogel zum Fliegen«, sagte Martin Luther. Müßiggang wurde zur Sünde, Arbeit zur heiligen Pflicht und stieg damit zur zentralen Größe auf. War die Muße bei den Griechen und Römern ein Erkenntnisweg und Lebensziel, wurde sie bei den Christen zu Sünde und Laster. Im Verlauf der Industrialisierung wurde Muße so stark abgewertet (und Arbeit entsprechend aufgewertet), dass Müßiggänger und Menschen ohne Arbeit als Faulenzer und Taugenichtse galten. Wer nicht arbeitete, sollte auch nicht essen, hieß eine Redewendung – denn er wirkte weder am Werk Gottes noch am Nutzen der Gesellschaft. Diese protestantisch geprägte Arbeitseinstellung ist bis heute bestimmend. Auch jetzt, im Zeitalter der Technisierung, werden Sinn und Werte noch immer ganz maßgeblich über unsere berufliche Tätigkeit definiert. Davon sind wir und die Generationen vor uns geprägt. Doch zugleich hinterfragen wir immer häufiger, ob uns die Identifizierung mit Arbeit tatsächlich mehr Glück und Freiheit geschenkt hat. Denn trotz eines hohen Maßes an Technisierung, die uns eigentlich viel Arbeit abnimmt und freie Zeit beschert, kommen wir kaum mehr zur Ruhe und geraten häufiger denn je in die Stressfalle mit all ihren körperlichen, geistigen und seelischen Belastungen. Wir erkennen, wie notwendig Erholung, freie Zeit, lange Weile, Regeneration sind – und entdecken dabei die Kraft der Muße neu. Es ist also kein Wunder, dass die Muße heute vor einer Renaissance steht. Sie verlässt die alten negativ behafteten Zuschreibungen und entwickelt sich wieder zu einem positiven, für viele erstrebenswerten und unterstützenden Wert.

Verschiedene Aspekte der Muße

Muße ist mehr als ein zeitlicher Freiraum, den wir uns schaffen und nach unseren ganz persönlichen Bedürfnissen nutzen. Muße ist eine Erlebensqualität, die Aspekte wie die folgenden ermöglichen kann. Sie alle und noch mehr finden Sie in diesem Buch beschrieben:

- Zeit für Wesentliches finden
- Lebensqualität schaffen
- Sich die Erlaubnis zum Nichtstun geben
- Auszeiten nutzen
- Lebenslust erleben
- Gelassenheit und Loslassen lernen
- Die Mitte finden
- Leichtigkeit und Humor entfalten
- Stärke im Wandel finden

- Sanftheit spüren
- Kreativität einladen
- Sich auf Sinnvolles und Heilsames ausrichten

Diese Punkte weisen auf das ungeheure Potenzial unseres menschlichen Erlebens hin und offenbaren das Prinzip der Muße. Muße ist hier einerseits Voraussetzung, sozusagen als zeitlicher Freiraum, andererseits ist sie eine innere Haltung, die Gelassenheit und Freiheit schenkt. Sie fungiert als ausgleichende Qualität zwischen Konzentration und Entspannung und ist schließlich im Sinne eines sich öffnenden, lassenden Seins auch eine Frucht des menschlich-persönlichen Reifungsprozesses.

Deshalb ist Muße, kurz gesagt, sowohl einfaches Sein als auch erfülltes Tun in Gelassenheit und Freiheit.

In diesem Buch bekommen Sie erzählend und nicht so sehr theoretisch zahlreiche Muße-Prinzipien vorgestellt. Anhand meiner eigenen Geschichte beschreibe ich, wie ich viele unterschiedliche Facetten der Muße kennengelernt und auch ganz praktisch erforscht habe. Dadurch ergibt sich eine zwar subjektive, doch dabei kontinuierliche Reise durch die Welt der Muße, zu der ich Sie gern mitnehmen möchte. Übungen und Reflexionen werden Sie immer wieder dazu einladen, mehr Muße in Ihr eigenes Leben zu bringen. In den Infoboxen finden Sie Hintergrundwissen zu unterschiedlichen Aspekten der Muße und mit ihr verbundenen Themen, wie zum Beispiel: Muße und ihr Bezug zu Müßiggang, Lust und Intimität, Flow, Müssen, Schmerz, Sanftheit, Arbeit und Kreativität.

Das Buch richtet sich an alle Menschen, die sich mehr Gelassenheit, Leichtigkeit und mehr inneren Freiraum in ihrem Leben wünschen. Dabei sind Stiller-Werden, Achtsamkeit, Kontemplation und Meditation seit jeher Wege, dem näher zu kommen. Wenn Sie einen Einstieg suchen und verschiedene Ansätze kennenlernen möchten, diese Qualitäten in Ihrem Leben zu etablieren, finden Sie in diesem Buch viele Anregungen. Auch Menschen mit viel Meditationserfahrung entdecken hier eine frische Perspektive auf ihre Übungspraxis, denn die Beschäftigung mit der Muße kann die innere Einstellung und den eigenen Anspruch an sich selbst entscheidend verändern.

Auf meiner Entdeckungsreise hin zur Muße habe ich Erfüllung und innere Freiheit gesucht. Auf meinem Weg wurde ich dabei stets neu mit existenziellen Fragen konfrontiert, die sich nun wie ein roter Faden durch dieses Buch ziehen:

- Können wir Muße lernen?
- Müssen wir erst krank werden, um den Wert der Muße zu erkennen?
- Müssen wir erst alt und weise werden, um auch im Alltag Muße zu leben?
- Welche Herausforderungen verhindern Muße?
- Helfen uns Auszeiten, Muße zu finden?
- Müssen wir erst ins Kloster gehen, um die Muße in ihrer Tiefe zu erforschen?
- Wie kann es uns gelingen, Muße auch in Krisenzeiten zu bewahren?
- Wie können wir Muße im Beruf leben?

Ich habe von Anfang an erlebt, wie schwer es ist, Muße im Alltag zu kultivieren. Deshalb entschloss ich mich schon bald, in ein bewährtes Trainingslager dafür zu gehen: ein buddhistisches Kloster. Hier stehen Loslassen, im Jetzt leben, Achtsamkeit und Gewahrsein auf dem Lehrplan. Die Klosterzeit und eine langjährige Meditationspraxis haben mir einen Einblick in das Potenzial der menschlichen Existenz gewährt. Ich durfte mußevolle und erfüllte Zustände im Tun und im Sein erfahren, und mit der Zeit konnte ich auch immer besser verstehen, wie die Zusammenhänge zwischen Loslassen, Gelassenheit, Erfüllung und Freiheit im Zusammenspiel mit der Muße wirken. Als bodenständiger, durchaus kritischer Mensch mit wenig religiösem Interesse habe ich mich intensiv mit dem Buddhismus und anderen Weisheitslehren auseinandergesetzt. Dennoch habe ich nicht aus dem Blick verloren, dass es unzählige Wege gibt, wie Muße ihren Ausdruck im Alltag finden und kultiviert werden kann. Meine eineiige Zwillingsschwester beispielsweise hat dabei meinen Horizont geweitet, denn sie lebt die Muße völlig anders als ich.

Für mich ist Muße zu einem zentralen Lebensprinzip geworden. Prinzip meint hier einen Grundsatz oder Maßstab des Handelns, der uns leitet. Was kann geschehen, wenn wir der Muße mehr Aufmerksamkeit schenken, sie für uns positiv definieren und ihr einen gebührenden Platz in unserem Leben einräumen?

Um das herauszufinden, finden Sie in diesem Buch zahlreiche Anleitungen zum einsichtsvollen Innehalten sowie Anregungen zum Hinterfragen der eigenen Einstellung. Kleine Übungen können Sie dabei unterstützen, auf die ganz persönliche Entdeckungsreise zu gehen und mehr im Jetzt anzukommen.

Muße zu finden ist eigentlich nicht schwer. Oft übersehen wir, wo wir sie bereits leben. Sie führt in unserem Leben vielleicht ein Schattendasein. Wenden wir uns ihr zu, kann sie ihre Kraft entfalten. Denn sie ermöglicht und vertieft das Erleben, nach dem wir alle suchen. Manche nennen es Glück, Frieden, Erwachen, Ankommen im Jetzt. Immer kann Muße zur Kompassnadel für ein freudig erfülltes und freies Leben werden.

Zeit für das Wesentliche

»Es ist nicht wenig Zeit, die wir haben,
sondern es ist viel Zeit, die wir nicht nutzen.«
SENECA

Obwohl sich fast jeder mehr Zeit wünscht, scheint es nur wenigen Menschen zu gelingen, sich ganz selbstverständlich Freiräume zu schaffen und das zu tun, was wirklich wichtig für sie ist. Warum ist das so? Wie kommt es, dass wir uns für alles Mögliche Zeit nehmen, nur nicht für das Wesentliche?

Wir teilen uns unsere Zeit je nach Prägung, Mustern und Zielen ein. Oft geschieht das eher unbewusst und unreflektiert, wir hinterfragen es nur selten. Denn normalerweise richten wir unsere Zeit automatisch danach aus. Solange im Alltag alles gut läuft, besteht wohl auch kein Grund, etwas zu ändern oder neue Prioritäten zu setzen. Meist tendieren wir dazu, das Leben laufen zu lassen. Das kann eine gute Strategie sein. Doch was ist, wenn das Leben ganz anders läuft als gewünscht?

Wofür wir unsere kostbare Zeit verwenden und ob wir die richtigen Prioritäten setzen, fragen wir uns erst, wenn wir neue Einsichten gewonnen haben, unzufrieden sind oder einen Missstand erkennen, den wir nicht länger ertragen können oder wollen. Manchmal werden uns Veränderungen auch von »außen«, durch Schicksalsschläge oder Krisen, aufgezwungen: Etwas bricht in unser Leben ein, und nichts ist mehr so, wie es vorher war. Dann bleibt uns nichts anderes übrig, als ganz neu zu überlegen, was uns wirklich wichtig ist und womit wir unsere (Lebens-)Zeit verbringen wollen.

Ein solcher Startschuss für eine größere Veränderung wird oft durch ein leidvolles Ereignis ausgelöst. Manchmal geschieht das im familiären Umfeld oder im Freundeskreis: Ein geliebter Mensch wird krank, hat einen Unfall oder stirbt. Wir sind automatisch mitbetroffen, trauern, möchten helfen und unterstützen oder fühlen uns ohnmächtig. Manchmal betrifft ein Schicksalsschlag oder eine Krise auch uns selbst. Dann werden wir plötzlich oder schleichend aus unserem gewohnten Alltag gerissen: durch eine körperliche Krise, eine Beziehungskrise, ein seelisches Thema oder auch die Berührung mit globalen Problemen, Sorgen und Ängsten, die uns innerlich völlig aufwühlen. Solche Krisen sind meist dramatisch, weil sie uns von dem geplanten oder gewünschten Weg abhalten. Und sie sind in der Regel sehr schmerzhaft und bringen das gewohnte Leben oder zumindest unsere Vorstellung davon durcheinander, weil sie uns aufrütteln und alles auf den Kopf stellen.

Ein erster Weckruf

Ich selbst habe einen solchen Paukenschlag erlebt, der zugleich mein Weckruf war und durch den meine Ziele und damit die Verwendung meiner wertvollen Lebenszeit stark geprägt wurden.

Ich war siebzehn Jahre alt und hauptsächlich mit mir beschäftigt, mit der Schule, den Plänen für ein Studium, einem möglichen Auslandsaufenthalt und mit meinem Freund. Eines Tages kam meine Mutter von Terminen in der Stadt wieder, und ich spürte sofort, dass etwas nicht in Ordnung war. Sie machte einen ernsten, fast wütenden Eindruck. Als hätte sie sich über etwas maßlos geärgert. Erst beim gemeinsamen Abendessen ließ sie die Bombe platzen. »Ich habe Brustkrebs. Und die Ärzte sagen, wenn ich mich nicht sofort operieren lasse, dann geben sie mir noch sechs

Monate zu leben. Ich habe mich entschieden: Ich werde mich nicht operieren lassen!« Was für ein Schock! Mein Vater, meine Schwester und ich schauten uns fassungslos an. Dann kippte ihre Wut um, sie sprang auf und begann zu weinen. Wir fühlten uns hilflos. Meine Mutter war immer gesund, sehr sportlich und zu dem Zeitpunkt gerade mal fünfunddreißig Jahre alt. Wenn wir alle mit einer Erkältung im Bett lagen, war sie es, die noch fit war. Und jetzt das. An diesem Abend ging meine »heile« und unbeschwerte Jugendzeit abrupt zu Ende. Ich war erstmals mit etwas in Kontakt gekommen, was man ein »schicksalhaftes und leidvolles Lebensereignis« nennen könnte. Aus heiterem Himmel war es über meine Familie hereingebrochen.

Nichts war danach mehr so wie vorher. Unsere Familie rückte näher zusammen, die Themen drehten sich auf einmal um Existenzielles. Die Zeit wurde kostbar. Es ging um Leben und Tod, um die großen Belange des Lebens. Wie wir schnell feststellten, brachte die Frage nach dem Warum keine Antworten. Es ging nur noch um das Wie: Wie konnte es jetzt weitergehen?

Ich bekam hautnah mit, wie meine Mutter durch heftigste Emotionen ging. Zuerst war sie geschockt und zutiefst erschüttert. Dann befand sie sich eine Zeit lang in einem heftigen Widerstand, im Hader mit Gott und dem Schicksal. Sie wollte es nicht wahrhaben, sie wollte sich nicht operieren lassen, eigentlich keinen mehr an sich heranlassen. Dann kam eine Phase, in der sie ganz von Angst erfüllt war. Sie hatte Angst vor dem Ungewissen, den Schmerzen, dem, was geschehen könnte. Sie spürte, dass etwas in ihr wuchs, sich unkontrollierbar ausbreitete und vielleicht tödlich sein würde, wenn es nicht schnellstmöglich herausgeschnitten würde. Doch sie war immer noch im Widerstand. Und sie ließ sich Zeit, wollte erst herausfinden, welche Behandlungsmöglichkeiten es noch gab. Vielleicht könnte sie eine Operation und die Amputation der Brust verhindern. Die Ärzte machten Druck, es würde höchste Zeit, sonst würde der Krebs vielleicht schon streuen. Auch in ihrem Umfeld wurde Druck aufgebaut. Jeder hatte eine andere Meinung. Mein Vater, die Eltern meiner Mutter, die Freunde – jeder sagte, sie müsse jetzt endlich etwas unternehmen.

Nach ein paar Wochen der Recherche und der Unrast ließ sie sich doch operieren. Die rechte Brust wurde amputiert, die Lymphknoten unter den Achseln herausgenommen. Zum Glück schien der Krebs doch nicht gestreut zu haben. Also hatten wir die Hoffnung, dass alles wieder so unbeschwert werden würde wie früher.

Prioritäten verändern sich

> *»Wir können den Wind nicht ändern,*
> *aber die Segel anders setzen.«*
> ARISTOTELES

Durch die Erkrankung meiner Mutter wurden die Prioritäten in meiner Familie ganz neu gesetzt. Im Angesicht der lebensbedrohlichen Diagnose war nur noch das Gesundwerden im Fokus. Alles andere trat in den Hintergrund. Alles, was bis dahin wichtig erschien – finanzielle Angelegenheiten, berufliche Planungen für die Zukunft, die nächste Familienfeier, Auseinandersetzungen und Streitereien mit den Nachbarn –, alles wurde zweit- und drittrangig. Diese Krise hatte eine wirklich stark verändernde Kraft. Das war eine der ersten Lektionen, die ich lernte: Treten Krisen auf, dann ändern sich schlagartig die Prioritäten. Und je bedrohlicher eine Krise ist, umso größer ist unsere Bereitschaft und Notwendigkeit, etwas zu ändern. Bis wir allerdings Krisen nicht nur als überflüssig und unangenehm bewerten, sondern sie auch als Chancen erkennen, ist es oft ein weiter Weg. Rückblickend bin ich sehr dankbar dafür, dass mich die Krankheit meiner Mutter so früh mit Themen konfrontiert hat, die seitdem in meinem Leben eine so wichtige Rolle spielen.

Hier stellt sich die Frage, wie es sein kann, dass wir das Wesentliche nicht sehen oder aus den Augen verlieren? Grob gesehen gibt es sieben Bereiche, die für alle Menschen wichtig sind:

- Gesundheit
- Familie, Beziehungen und Freundschaften
- Beruf und Karriere
- finanzielle Unabhängigkeit, also Geld und Sicherheit
- Entfaltung der eigenen Fähigkeiten
- Spiritualität und
- soziales oder politisches Engagement

In diesen Lebensbereichen wünschen wir uns Glück und hoffen, dass wir von Krisen verschont bleiben. Wir versuchen, alles in Balance zu halten und die Zeit zwischen diesen wichtigen Bereichen aufzuteilen. Doch oft verläuft das Leben nicht so ausgeglichen und reibungslos, wie wir uns das wünschen würden. Ein paar wenige Ausnahmen scheint es zu geben: Menschen, die gesund sind und dies bis ins hohe Alter bleiben, stabile und reife Beziehungen führen und sich ein erfolgreiches und sorgenfreies Leben aufgebaut haben. Doch die Schicksale der meisten gehen ganz andere Wege. Wir werden herausgefordert und können daran wachsen und uns dem stellen, was auf unserem ganz persönlichen Lebensweg liegt.

Krisen haben ein besonderes Potenzial. Sie bringen die Kraft der Veränderung mit sich. Das Alte und Bekannte wird aufgebrochen, und es entsteht Platz für Neues. Das macht erst mal Angst, Unsicherheit macht sich breit. Nichts ist mehr wie vorher, die Träume sind zerstört, die Hoffnungslosigkeit ist groß. In der akuten Phase sind Trauer und ein Zurückhaben-Wollen des Alten völlig normal. Wir brauchen Zeit, um uns an die Veränderungen zu gewöhnen, bevor wir uns dem stellen und schauen, wie es Schritt für Schritt weitergehen kann. Krisenzeiten sind auch deshalb wertvoll, weil sie uns auf einen Nullpunkt zurückführen. Schauen wir tiefer in unsere Vergangenheit und erinnern uns an bewältigte Krisen, können wir sicherlich erkennen, dass jede dieser Krisen auch den Samen für eine große Veränderung in sich trug. Oftmals war diese große Veränderung im Nachhinein ein Segen. Nicht wenige Menschen berichten nach einiger Zeit und mit etwas Abstand sogar mit Dankbarkeit über die Einsichten und Geschenke, die sie nach ihrem bewältigten Burnout, der überstandenen Krankheit, nach einer schmerzhaften Trennung oder Durststrecke für sich entdecken konnten. Ein zentraler Aspekt, der diese Krisen ausmacht, ist die Rückkehr zu dem, was uns wirklich wesentlich ist. Dafür sind Krisen der Katalysator schlechthin.

Übung: Ein Moment des Innehaltens

Egal was eine Krise auslöst, sie hat eine besondere Funktion in unserem Leben. Halten Sie einen Moment inne und schauen Sie auf Ihr bisheriges Leben zurück:

- Was war die größte Krise in meinem Leben?
- War es eine Trennung oder Scheidung?
- War es eine berufliche Durststrecke und die Unzufriedenheit mit einem Job?
- Waren es Zeiten finanzieller Sorgen?
- Habe ich einen beruflichen Misserfolg erlebt oder bin ich in eine Sackgasse geraten?
- War es eine Krankheit?

Wenn ein Weckruf nicht genügt

Manchmal ist ein zweiter Weckruf nötig, damit die Chance auf Veränderung ergriffen wird. So erging es auch meiner Mutter. Sie begann irgendwann ihr bisheriges Leben selbstkritisch zu hinterfragen und stellte fest, dass sie auf der Überholspur gelebt hatte. Mit gerade achtzehn Jahren war sie Mutter von Zwillingen geworden. Mit tatkräftiger Unterstützung ihrer Eltern, die direkt nebenan wohnten, wurde in den ersten Jahren ein Haus gebaut. Das erforderte, dass sie auch mitverdiente und halbtags arbeiten ging. Mit ihrer Ehe, der Familie, drei Hunden und einem großen Freundeskreis war sie voll beschäftigt. Zeit für sich selbst hatte sie in diesen Jahren nicht. Sie war nur für die anderen da und hinterfragte dies auch nicht, wie sie mir einige Zeit nach der Erkrankung erzählte.

Nach OP, Chemotherapie und Bestrahlung wurde ihr von den Ärzten dringend empfohlen, ihr ganzes Leben zu ändern. Sie sollte und musste jetzt auf ihre Bedürfnisse achten, weniger tun, sich schonen. Doch das fiel ihr überhaupt nicht leicht. Sie war es ja gewohnt, für die anderen da zu sein. Sich selbst zu spüren und alles gemächlicher anzugehen, das lag ihr überhaupt nicht. Sie hatte nicht gelernt, sich Zeit für sich zu nehmen, und hatte schon ein schlechtes Gewissen, wenn die Putzhilfe kam und für sie das Haus reinigte. Es dauerte nur wenige Wochen, und sie begann wieder in ihren gewohnten Aktionismus zu verfallen. Sie machte bald wieder alles selbst, überforderte sich, bekam Schmerzen. Sie konnte nicht still halten und loslassen. Sie sagte, dass sie nicht anders könne, sie würde sich so untätig und unnütz fühlen. Das wäre nicht auszuhalten. Noch immer haderte sie mit ihrem Schicksal. Ich konnte das damals nicht nachvollziehen. Wie konnte jemand so uneinsichtig sein?

Und prompt kam die Quittung: Nach etwa einem Jahr hatten sich Metastasen rund um die Narbe an der Brust gebildet. Wieder wurde sie operiert, wieder bekam sie Chemo und Bestrahlung. Nach diesem zweiten Weckruf fasste sie einen tieferen Entschluss: Sie wollte gesund sein, sie wollte leben. Das wurde zu ihrer obersten Priorität. Von da an folgten ernsthafte Lernschritte. Sie setzte sich intensiv mit ihren destruktiven Prägungen auseinander, die sie daran hinderten, sich zu entspannen und loszulassen. Da es ihr allein nicht gelang, holte sie sich Unterstützung. In kleinen Schritten wurde es ihr möglich, ihre Bedürfnisse zu spüren und die inneren hindernden Überzeugungen zu identifizieren.

Mich faszinierte diese Entwicklung, denn meine Mutter begann tatsächlich, sich mit der Realität anzufreunden, sie zu akzeptieren, wie sie ist. Sogar den zunächst vehementen Widerstand und das erste Scheitern begann sie mit einer gewissen Freundlichkeit anzunehmen. Sie wurde spürbar ruhiger und gelassener. Das ging auch an mir nicht spurlos vorüber. In dieser Zeit begann ich mich ernsthaft für das zu interessieren, was sie dort übte. Das wollte ich auch lernen. Ich begann, Fragen zu stellen, wollte verstehen, warum es ihr zunächst so schwergefallen war, die verordnete Ruhe einzuhalten, und wie sie sich dann doch schrittweise auf einen heilsamen Weg begeben hatte. Und ich lernte und verstand es immer besser.

Die Schwierigkeit mit der verordneten Ruhe

Gerade durch unvorhergesehene und kritische Lebensereignisse werden wir gezwungen, innezuhalten und erst mal ruhig zu werden. Es braucht eine gewisse Zeit, bis wir uns mit dem Unausweichlichen abfinden. Schon eine Grippe oder ein Beinbruch kann uns für eine gewisse Zeit in eine ungewohnte Ruhe zwingen. Haben wir ein überlastetes Nervensystem, dann brauchen wir erst recht viel Ruhe. Ist unsere geistige und seelische Kapazität überlastet, sind wir wie ein überhitzter Computer, der zu viele Programme gleichzeitig geöffnet hat und nicht mehr reagieren kann. Dann hilft nur die Reset-Taste: den Computer herunterfahren, alle Programme schließen, abkühlen lassen und langsam neu starten. Beim Neustart ist darauf zu achten, dass wir den Arbeitsspeicher nicht wieder voll auslasten, also genau überlegen, welche Programme wir wirklich zum Arbeiten brauchen.

Manchmal wollen wir uns tatsächlich diese Ruhe und vielleicht sogar einen Neustart verordnen – doch nicht immer liegt es in unserer Hand. Oftmals sind wir auf einer krankmachenden Spur unterwegs, einer überlastenden Tätigkeit, haben viel zu viele dringliche Aufgaben, eine ungesunde Ernährung und vor allem zu wenig Ruhe und Erholung. Aber wir finden da nicht raus.

Erst wenn der Arzt sagt: »Sie *müssen* sich jetzt Ruhe gönnen«, dann machen wir uns langsam mit dieser Option vertraut. Das heißt noch lange nicht, dass uns das auch gelingt. Abgesehen von dem inneren Widerstand gegen diese meist ungewollte neue Situation, die der Ruhe, zumindest erst mal äußerer Ruhe, eines Stillhaltens bedarf, kommt oft noch die Ohnmacht hinzu. Wir wissen einfach nicht, wie es geht, ruhig zu werden. Inmitten von aufgewühlten Emotionen ist das am Anfang scheinbar unmöglich.

Offenheit als erster Schritt zur Veränderung

Am Beispiel meiner Mutter erlebte ich hautnah, wie schwer es sein kann, alte Gewohnheiten zu ändern. Sie konnte zunächst keine Ruhe geben, sich nicht zurücklehnen und kleinste Arbeiten von anderen verrichten lassen. Sie konnte sich keine Ruhe-Inseln schaffen. Schließlich sah sie ein, dass sie das Sein-Lassen nur Schritt für Schritt erlernen konnte. Um sie zu unterstützen, beschlossen mein Vater, meine Schwester und ich, die täglichen Übungen am Abend gemeinsam mit meiner Mutter durchzuführen. So kamen wir meist nach dem Abendessen in der großen Wohnküche zusammen und setzten uns auf die Stühle und die Eckbank. Es wurde zu einem Ritual. Wie zu einem gemeinsamen Fernsehabend fanden wir zusammen, wir zündeten eine Kerze auf dem Tisch an und begannen mit einer Meditation. Wir hatten eine kleine geführte Meditation von einer Freundin meiner Mutter erhalten. Sie meditierte schon einige Jahre und leitete uns die ersten Male an, danach sollten wir sie selbst durchführen. Es war auch gar nicht schwer. Wir setzten uns gerade hin, stellten die Füße auf den Boden und legten die Hände in den Schoß. Dann sollten wir zur Kerze schauen, die flackernde Flamme fixieren. Manchmal tränten die Augen etwas, wodurch der Blick weicher wurde. Mit der Konzentration auf die Flamme sollten wir alle Gedanken und Gefühle, die ja trotzdem da waren, einfach weiterziehen lassen. Ich fand das gar nicht so schwierig, und manchmal denke ich, wie wichtig es war, schon so früh, also noch mit unter zwanzig, mit solchen Übungen vertraut zu werden. Die Absicht dieser Anleitung lag darin, erst mal den Kopf frei zu bekommen, den Strom der Gedanken und auch die momentanen Gefühle zu bemerken und zugleich mit der Konzentration auf die Flamme eine Art Anker zu schaffen.

Diese zehn- bis zwanzigminütige Meditation war sehr hilfreich. Es war schön, so beisammen zu sein. Ich fühlte mich zentriert, still und offen. Mein Vater nickte manchmal ein, und meine Mutter war glücklich, dass wir diese Übung gemeinsam durchführten. Das schenkte ihr und uns ein Gefühl von Zusammengehörigkeit und Unterstützung. Meine Großeltern bekamen unsere »Sitzungen« manchmal mit. Sie schüttelten den Kopf und konnten nicht verstehen, was wir da fast jeden Abend machten. Erst als wir erklärten, wir würden zusammen beten, waren sie beruhigt und ließen uns mit ihren skeptischen Blicken und Fragen in Ruhe. Sie waren allerdings nicht bereit mitzubeten. Mein Opa meinte, er mache das mit sich selbst aus, das wäre nichts für ihn.

Nach der kleinen stillen Meditation fühlte sich die Luft irgendwie gereinigt an, und meine Mutter begann zu erzählen, wie es ihr heute ging. Wir hörten aufmerksam zu, wussten wir doch, wie gut es ihr tat. Es war erstaunlich, wie aufrichtig sie zu sich selbst und uns gegenüber war. Mal sprach sie über ihre Schmerzen im rechten Arm, zeigte uns, wie sich die Narbe an der Brust verändert hatte, und berichtete, welche Sorgen sie damit hatte. An manchen Abenden teilte sie auch die kleinen Erfolge und Misserfolge mit uns. Sie sprach darüber, wie sie damit rang, ihre Krankheit anzunehmen, und wie schwer es ihr immer noch fiel, Aufgaben loszulassen. Manchmal hatte mein Vater den Impuls und riet ihr: »Ach, lass es doch einfach jemanden tun oder frage um Hilfe.« Meine Mutter schaute ihn dann an und entgegnete: »Das habe ich aber nicht gelernt, und ich versuche, es jetzt Schritt für Schritt zu lernen. Ich brauche Geduld, aber keine guten Ratschläge. Schaut für euch selbst, wie ihr Geduld und Loslassen lernt. Ich *muss* es jetzt tun, mir bleibt keine Wahl. Meine Krankheit zwingt mich dazu. Ich muss und möchte es lernen. Was euch wichtig ist, könnt ihr nur für euch entscheiden.« Mein Vater wurde still. Er war ein sehr ungeduldiger und umtriebiger Mensch, doch er liebte meine Mutter sehr, und wenn sie mit solch einer Energie sprach, dann hörte er einfach zu und nickte nur noch zustimmend.

Für mich waren diese Abende sehr wertvoll und lehrreich, vielleicht spürte ich instinktiv, dass etwas recht Ungewöhnliches in meiner Familie geschah. Es war die Offenheit und die liebevolle Unterstützung, die uns verband und die uns alle durch diese Zeit trug.

Dem Wesentlichen auf der Spur bleiben

Eines Abends nach der fast täglichen gemeinsamen Meditation sprach meine Mutter über das, was sie jetzt für wesentlich erachtete. Wir hörten gespannt zu. Ihre Betroffenheit war zu spüren, als sie sagte: »Ich habe durch die klärenden Gespräche mit meiner Freundin Gisela erkannt, wie wenig ich bisher meinen eigenen Bedürfnissen gefolgt bin. Das Leben hat mich eher wie eine Lawine überrollt, und ich habe mich mitreißen lassen. Ich hatte Träume, bevor ich dich getroffen habe.« Sie schaute meinen Vater an. »Ich wollte reisen, die Welt sehen, Menschen und Kulturen kennenlernen und so vieles ausprobieren. Dann wurde ich schwanger, und das Leben nahm diesen Lauf. Das ist auch in Ordnung so, aber ich hatte bei all den Aufgaben und Anforderungen vergessen, mir Raum für mich zu nehmen. Ich habe immer zuerst an die anderen gedacht. Es wäre doch egoistisch gewesen, an mich selbst zu denken. So habe ich mir das zurechtgelegt. Doch jetzt merke ich, dass ich nicht mehr wirklich glücklich war.« Wir schauten uns an und hörten schweigend weiter zu. »Ich war zum Beispiel immer vom Reiten fasziniert. Doch selbst reiten zu lernen habe ich mir nicht gegönnt, ich habe es gar nicht in Betracht gezogen. So habe ich mich darauf beschränkt, anderen beim Reiten zuzusehen.«

Kurz darauf suchte sich meine Mutter eine Reitschule, hatte schon bald ihre erste Longenstunde und kam mit leuchtenden Augen nach Hause. Einige Menschen in unserem Umfeld schüttelten verständnislos den Kopf. Wie konnte eine krebskranke Frau, die gerade die zweite Chemotherapie hinter sich hatte, auf die verrückte Idee kommen, mit dem Reiten anzufangen? Ich lernte eine wichtige Lektion: Wünsche und Impulse können wir nicht in die Zukunft verschieben. Wir wissen schließlich nicht, wie viel Zeit uns überhaupt bleibt.

Meine Mutter erfüllte sich noch weitere Wünsche, die sie schon lange gehegt und teilweise niemals ausgesprochen hatte. Sie reiste mit meinem Vater nach Südafrika und nahm an einer Safari teil. Sie unternahm alles, um ihre frühere beste Freundin, mit der sie sich vor Jahren zerstritten hatte, zu finden, und traf sich zu einem klärenden Gespräch mit ihr. Für sie war klar, was sie unbedingt noch machen wollte. Und plötzlich war Zeit und auch Geld dafür da, denn geplante Anschaffungen waren unwichtig geworden. Das respektierte jeder. Und ich fragte mich, warum wir eigentlich erst in so eine Zeitnot und unter einen solchen Druck – in diesem Fall den drohenden Tod – geraten müssen, um das zu tun, was uns wirklich wichtig ist.

Für mich war schnell klar: Ich wollte meine wesentlichen Ziele nicht mehr aus den Augen verlieren, sondern mich regelmäßig fragen, was jetzt wichtig ist und ob ich noch auf dem richtigen Weg bin. Daraus ergab sich später eine kleine Übung, ein kleines Ritual, das ich über Jahre durchführte. Ich nahm mir dafür einmal im Monat Zeit, meistens am Vollmondabend oder einen Tag danach. Der Vollmond war ein guter Erinnerer, unübersehbar und regelmäßig. Dieses Ritual wurde mir so wichtig, dass ich für diesen Abend alles andere absagte. Es war mir heilig, denn ich kam mit mir selbst auf eine innige und aufrichtige Weise in Kontakt. Es beflügelte mich, richtete mich aus und gab mir einen kleinen Kompass an die Hand, der mir auch im Alltag half. An diesen Abenden stellte ich mir leise Musik an, nahm ein Vollbad oder suchte mir einen stillen Platz in der Natur. Manchmal schaute ich auf eine Kerzenflamme und meditierte. Schon bald kehrte etwas Ruhe ein, und ich fragte mich aus tiefstem Herzen: »Was ist mir für den kommenden Monat wichtig? Was möchte ich einladen? Und was möchte ich verabschieden?« Ich hatte mir ein klcines Büchlein hingelegt und schrieb hinein, was mir zu diesen Fragen bewusst wurde. Es war erstaunlich, was sich dabei klärte. Meist bin ich einfach die vier wesentlichen Bereiche meines Lebens durchgegangen: Gesundheit/Körper, Beziehungen/Liebe, Beruf/Tätigkeiten, innere Bedürfnisse/Spiritualität. War etwas für meine Gesundheit wichtig? Wie ging es mir körperlich? Gab es Impulse dazu? Dann schaute ich mir meine Beziehungen an.

Dieses Ritual vertiefte ich noch an meinem Geburtstag oder an Silvester. Hier wurde es ein ausführlicher Jahresrückblick mit einer aufrichtigen Reflexion über die wichtigsten Ereignisse. Ich versuchte, mir über mein Befinden und die Grundstimmungen klarer zu werden, und schaute dazu auch noch mal die Aufzeichnungen meines monatlichen Vollmondrituals an. Es war erstaunlich. Ich fühlte zunehmend eine Ergriffenheit, wie schön sich die Ereignisse zusammengefügt hatten, als gäbe es einen roten Faden. Alles kam zur rechten Zeit. Ein Drehbuch, das sich kaum besser hätte erfinden lassen. Ich fühlte Dankbarkeit, auch wenn natürlich nicht alles so lief, wie ich mir das gewünscht hatte. Das regelmäßige Innehalten und Zurückschauen war meine Form, wie ich es schaffte, eng mit dem, was mir wirklich wichtig war, verbunden zu bleiben und auch manchmal den Kurs zu korrigieren.

Zeit haben schafft Lebensqualität

Es kann so schnell passieren, dass uns der Lebensfluss wie ein Wirbel erfasst. Dann kreisen unsere Gedanken und die gesamte Aufmerksamkeit rund um den Job, eine Beziehung und unsere Sorgen und Probleme so stark, dass wir den Kontakt zu uns selbst verlieren. Wenn wir dann nicht zwischendurch innehalten, eine Ruhezeit einlegen, überprüfen, wo wir stehen und was wirklich anliegt, dann haben wir das Gefühl, vom Sturm mitgerissen zu werden. Dann stellen wir vielleicht überrascht fest: Wir haben etwas angestrebt oder tun etwas, was jetzt gar nicht mehr stimmt, was nicht mehr angemessen ist. Vielleicht haben wir unsere Karriereleiter an ein Haus gestellt und sind sie auch ein ganzes Stück hoch gegangen, um dann festzustellen, dass es das falsche Haus war. Das spüren wir durch die schleichende Unzufriedenheit mit dem, was wir tun und womit wir unseren Lebensunterhalt verdienen. Um die jedoch wirklich wahrzunehmen und einordnen zu lernen, brauchen wir Momente des Innehaltens und des aufrichtigen Reflektierens. Eine kleine Bilanz kann uns helfen. Und bei den meisten heute wird sie ergeben, dass etwas mehr freie Zeit hilfreich wäre.

Damit wir mehr von diesem zeitlichen Freiraum gewinnen, werden wir nicht umhinkommen, auf einige Aktivitäten zu verzichten. Im ersten Moment hört sich Verzicht gar nicht verlockend an. Doch die andere Seite von Verzicht ist der Gewinn von Lebensqualität. Sie entfaltet sich, wenn wir uns Zeit für das nehmen, was uns am Herzen liegt. Da wir die frei verfügbare Zeit nicht aufstocken können und der Tag nun mal nur vierundzwanzig und nicht, wie wir es uns manchmal wünschen, achtundvierzig Stunden hat, ist es sinnvoll, Raum für das zu schaffen, was uns wirklich Lebensqualität verspricht. Dafür verzichten wir auf etwas, was uns sowieso nicht mehr das gebracht hat, was wir uns gewünscht haben. Wir können nun mal nicht alles haben und auch nicht alles gleichzeitig machen: eine glänzende berufliche Karriere aufbauen, glücklich und zufrieden mit der Familie leben, rundherum gesund und fit sein, nebenher noch alle möglichen Interessen und Fähigkeiten entfalten, meditieren und dabei inneren Frieden finden, uns ehrenamtlich in der Gemeinde oder für einen guten Zweck im Verein engagieren. Es gibt nicht wenige Ratgeber und Zeitmanagementexperten, die behaupten, man müsse sich nur auf die wesentlichen Punkte konzentrieren, dann könne man fast mühelos sein Einkommen steigern und die Freizeit verdoppeln. Mir ist allerdings niemand bekannt, der das je geschafft hätte. Es wäre absurd, diese maßlosen Ansprüche auch noch als ausgeglichenes Leben zu bezeichnen. Wollten wir uns das beschriebene Programm zum Ziel setzen, so hätten wir sieben Prioritäten: Beruf und Karriere, Familie und Freundschaften, finanzielle Unabhängigkeit, Gesundheit und Fitness, Entfaltung der Persönlichkeit, Spiritualität und soziales Engagement. Der britische Zeitmanagement-Trainer Martin Scott meint: Wer mehr als zwei Prioritäten setzt, hat keine Prioritäten. Denn Priorität heißt Vorrang.

Wir können Ziele haben und dabei Prioritäten setzen. Doch nicht alle Ziele werden wir erreichen können. Auf einiges müssen wir verzichten, manchmal freiwillig, manchmal entscheidet das Schicksal. Für ein glückliches, erfülltes Leben ist es gar nicht erforderlich, alle Ziele zu erreichen. Es genügt die Frage, wofür wir am meisten Zeit haben wollen. Falls wir uns darüber nicht im Klaren sind, können wir zunächst dieser Frage Priorität einräumen und es herausfinden.

»Wir denken selten an das, was wir haben,
aber immer an das, was uns fehlt.«
ARTHUR SCHOPENHAUER

Reflexion: Meine Lebensqualität

Nehmen Sie sich einen Moment Zeit und denken Sie über Ihre Lebensqualität nach. Was verschafft Ihnen Lebensqualität? Vielleicht möchten Sie die sieben Bereiche durchgehen, die für die meisten Menschen wichtig sind: Gesundheit; Familie, Beziehungen und Freundschaften; Beruf und Karriere; finanzielle Unabhängigkeit, also Geld und Sicherheit; Entfaltung der eigenen Fähigkeiten; Spiritualität; soziales oder politisches Engagement. Schreiben Sie sich dazu jeweils ein paar Stichworte auf:

- Wann und wie erfahre ich Lebensqualität?
- Was verschafft mir Genuss, Freude und Leichtigkeit?
- Mit welchen Menschen fühle ich mich geborgen und inspiriert?

Schauen Sie dabei nicht auf Krisen und setzen Sie auch nichts auf eine (virtuelle) To-do-Liste (beispielsweise bei Gesundheit: »Ich sollte mehr Sport treiben«). Stellen Sie einfach fest, was ist. Zum Beispiel: »Fahrrad fahren und der Spaziergang mit dem Hund ist ein Quell meiner Lebensfreude.« Machen Sie sich bewusst, was Sie in den einzelnen Bereichen schätzen und was Sie sich wünschen.

Diese kleine Übung eignet sich hervorragend für einen verregneten Sonntagnachmittag oder für den Jahresbeginn.

Die Entdeckung der Muße

»Eines ist so wichtig wie's andere:
rechtzeitig zufassen und rechtzeitig loslassen können.«
NIKOLAUS VON KUES

Fast unbemerkt habe ich während der Krankheit meiner Mutter den Grundstein für einen wesentlichen Lebensbegleiter gelegt: die Muße. Auch wenn ich sie zunächst nicht so nannte und sich ihre Prinzipien erst mit der Zeit offenbarten, habe ich der Muße damals einen Platz in meinem Leben eingeräumt und dafür gesorgt, dass ich sie weiter erforsche.

Das Erlebte hatte mich aufgerüttelt und mich erkennen lassen, wie notwendig und auch belebend selbstbestimmte zeitliche Freiräume im Alltag sind. Kleine Rituale halfen mir schon damals, mich selbst zu spüren, mich zu entspannen und zu überprüfen, was mir wichtig war. Daran konnte ich mich neu ausrichten. Damals hätte ich diese Zeiten auch »Zeit mit mir selbst« oder »intensiv verbrachte Zeit mit meiner kranken Mutter« nennen können. Manchmal bezeichneten wir die gemeinsamen Zeiten abends mit der Familie als »Meditation« und manchmal, je nachdem wer fragte, als »Gebet«. Es war eine Zeit für Wesentliches, manchmal für Stille, manchmal für achtsamen Austausch oder für kostbare Momente mitten im Alltag. Es war eine Zeit des innigen Seins mit sich selbst und mit den anderen, jenseits des üblichen Beschäftigtseins. Im Lauf der Jahre fand ich für mich andere Formen, und es veränderten sich die Begrifflichkeiten für das, was mir so wichtig geworden war. Irgendwann fiel mir auf, dass es ein wunderschönes altes Wort für all das gibt: Muße.

Jeder hat dieses Wort schon einmal gehört. Dem einen oder anderen mag es verstaubt vorkommen. Viele verwenden es eher beiläufig in Redewendungen wie: »Wenn ich mal ganz viel Muße habe, dann werde ich …« Und manchmal sind es auch konkrete Erlebnisse, die wir mit Muße in Verbindung bringen: im Urlaub endlich mal Zeit haben, um das Buch zu lesen, das schon so lange auf dem Nachttisch liegt. Mit Muße das Abendessen genießen oder uns Zeit für den grandiosen Blick auf die Berge nehmen, die sich uns offenbaren. Neben dem zeitlichen Freiraum, der Muße definiert, habe ich noch eine weitere wichtige Dimension durch meine Mutter kennen- und schätzen gelernt.

Gelassen loslassen

Meine Mutter konnte dem Krebs nicht entkommen. Diese Tatsache anzunehmen fiel uns nicht leicht. Der offene Austausch über Sorgen und Ängste, die Stille und die Ausrichtung auf Heilsames halfen uns dabei. Meine Mutter ließ sich auch vom fortschreitenden Krankheitsverlauf nicht aus der Ruhe bringen. Sie sprach einmal davon, wie sehr sie in den letzten zwei Jahren bei sich angekommen war, indem sie jeden Tag sehr bewusst das getan hatte, was ihr wichtig war, und auch die Aufgaben in ihrem Alltag erfüllte. Sie gab ihr Bestes und fühlte sich im Einklang mit dem Fluss des Lebens. Manchmal saß sie einfach da, schaute von der Terrasse in den Garten und war entzückt von dem Grün des Rasens, den Regentropfen, die sich in Blättern zu glänzenden, spiegelnden Punkten gebildet hatten. Oder sie schaute begeistert den herumtollenden Hunden beim Spielen zu. Meine Mutter muss vieles sehr intensiv erlebt haben, das spürte ich. Ich saß oft bei ihr, fragte sie, wieso sie so glücklich wirkte, lauschte ihren Beschreibungen und versuchte, mit ihren Augen zu schauen.

Doch was ich sah, erschien mir nicht besonders strahlend und schön. Mir fielen Rilke-Gedichte ein, die vor Schönheit und Poesie überliefen, deren Zauber mir aber nur in ganz seltenen Momenten zugänglich wurde.

Meine Mutter blieb sogar gelassen, als ihr von den Ärzten bescheinigt wurde, dass sich überall im Körper Metastasen gebildet hatten. Weitere Operationen kamen nicht infrage. Es wurde klar: Sie wird bald sterben. Zwar konnten die Ärzte nicht genau sagen, wie viel Zeit ihr noch blieb, doch sie wusste genau, wie sie die verbliebene Zeit nutzen wollte. Sie wollte von allen in Ruhe Abschied nehmen. Wir sprachen über Akzeptanz und Annahme, über die Kunst des Loslassens, über Trauer und Dankbarkeit. Vielen Sätzen fügte meine Mutter ein »und auch dafür bin ich dankbar« an. Sie war dankbar für jeden Tag, der ihr blieb. Sie war dankbar für die gute medizinische Versorgung, für unsere Anteilnahme über die ganze Zeit hinweg, für die liebevolle und mitfühlende Unterstützung meines Vaters. Anstatt noch sechs Monate zu leben, wie es unmittelbar nach der Diagnose bedrohlich im Raum stand, wurden es ganze vier Jahre.

Uns war klar: Wir hatten viel Zeit geschenkt bekommen und sie intensiv genutzt. Wir waren von Dankbarkeit erfüllt, was die aufsteigende Traurigkeit in eine Balance brachte. Wie paradox es auch klingen mag: Dieser Schicksalsschlag hatte sich für meine Mutter und auch für uns als Familie als Fluch und Segen zugleich erwiesen. Wir hatten die Dankbarkeit für uns entdeckt, gemeinsame Stille erlebt und im Austausch miteinander wirkliche Nähe und Innigkeit gefunden. Meine Mutter strahlte in den letzten Wochen ihres Sterbens innere Kraft und Ruhe aus. Sie lag zu Hause im Bett, konnte nicht mehr laufen und bekam zusätzlich Sauerstoff durch die Nase. Sie konnte kaum noch feste Nahrung bei sich behalten, und ihre Beine hatten sich bläulich verfärbt. Doch sie war wach, hörte Musik und lächelte meistens. Ärzte, Pfleger, Freunde und Bekannte, also alle, die sie so erlebten, bemerkten die

Würde und Anmut, die von ihr ausgingen, und empfanden das als etwas sehr Besonderes.

Meine Mutter hatte akzeptiert, dass sie sterben würde. Sie hatte losgelassen. Ich erlebte sie präsent und bewusst, völlig im Augenblick, im Jetzt lebend. Ich nahm mir viel Zeit, um bei ihr zu sitzen und ihr all die Fragen zu stellen, die mir wichtig schienen. Sie erzählte mir, wie die Krankheit ihr dazu verholfen hatte, ihre Zeit so zu verbringen, wie sie es sich immer gewünscht hatte, und das zu tun, was ihr wichtig war. Ich erinnere mich noch an ihre Worte: »Diese letzten Jahre haben mir etwas ganz Wesentliches geschenkt: das Gefühl, leidenschaftlich und innig gelebt zu haben. Das macht mich glücklich und schenkt mir inneren Frieden.«

Sie erwähnte auch, dass sie gern noch länger gelebt hätte. Eine einzelne Träne rann ihr übers Gesicht, und auch meine Augen füllten sich mit Tränen. »Zu gern hätte ich erlebt, was aus euch wird und wie sich das Leben weiter entfaltet.« Dann wischte sie sich die Träne weg und sagte: »Ach, ich bin ganz einverstanden. Es ist perfekt, wie es ist.« Meine Trauer blieb zwar wie ein leiser Schatten. Trotzdem spendete mir ihre dankbare und gelassene Haltung heilsamen Trost. Die Art, wie sie mit ihrem Sterben umging, strahlte Gelassenheit und Frieden aus. Im Angesicht des Todes war sie in eine noch tiefere innere Ruhe gelangt und hatte uns gezeigt, wie Loslassen geht.

Das fand ich ungeheuer erstrebenswert. Ich fragte sie, ob ich das wohl auch erreichen könnte – ich wolle dafür aber nicht erst krank werden. Wir lachten. Meine Mutter riet mir, meinem Herzen zu folgen und mir Zeiten für Nichtstun, Ruhe und Besinnung im Alltag einzuräumen. Das Festhalten an Vorstellungen würde nicht zu Glück und Leichtigkeit führen, sondern nur das Mitfließen im Fluss des Lebens. Diese Erkenntnis habe sie erst durch ihre Krankheit gewonnen.

Für mich waren die Worte meiner Mutter wie ein Vermächtnis. Deshalb schrieb ich sie damals wörtlich auf, um sie ja nicht zu vergessen. An meinem einundzwanzigsten Geburtstag starb meine Mutter zu Hause im Kreise der Familie. Am Abend zuvor hatten wir alle noch zusammen im Schlafzimmer an ihrem Bett gesessen, bis sie zu uns sagte: »Nun ist es gut, ich möchte gehen.« Sie hatte noch einen letzten kleinen Wunsch, den sie uns mit einem Strahlen mitteilte: In ihrer Todesanzeige solle stehen, dass sie nach einem erfüllten Leben gegangen sei.

Die Facetten der Lebensqualität

Wie ist es möglich, dass meine Mutter ein erfülltes Leben hatte, obwohl sie nur neununddreißig Jahre alt wurde? Was bedeutet es eigentlich, erfüllt zu leben? Wie lässt sich Lebensqualität bemessen? Jeder definiert sie zumindest ein wenig anders, je nach eigenen Vorlieben und Werten, kulturellen Prägungen und persönlichen Erfahrungen. Was wir unter Lebensqualität verstehen, verändert sich zudem im Laufe des Lebens und hängt stark von der aktuellen Lebensphase ab. So kann es für ein Kind am wertvollsten sein, viel Zeit zum Spielen zu haben. Für den Jugendlichen bemisst sich die Lebensqualität oft an der Zeit, die er mit Gleichaltrigen verbringt. Später erfüllt es uns vielleicht am meisten, wenn wir Zeit für die Familie haben, für Freundschaften, für die berufliche Entfaltung oder für uns selbst.

Egal, was es ist – immer wenn wir uns Zeit für das nehmen, was uns wichtig ist, was uns Freude, Genuss, Zufriedenheit und Glück verspricht, können wir Erfüllung finden und unsere Lebensqualität erhöhen. Diese Zeiten lassen sich auf einen gemeinsamen Nenner bringen: Es sind Zeiten der Muße.

Das war es, was meine Mutter mit einem erfüllten Leben beschrieb: Sie hatte Zeit für das Wesentliche. Die Krankheit zwang sie dazu, aus dem unentwegten Tun auszusteigen, und schenkte ihr die Muße, um sich mit dem wirklich Wichtigen zu befassen: mit sich selbst, mit der Familie, mit den Fragen nach Leben und Tod, nach dem Sinn. Meine Mutter erkannte die Tiefe, die das Leben für uns bereithält, wenn wir uns die Zeit dafür nehmen und im Jetzt leben. So wurde sie meine erste große Lehrmeisterin in Sachen Muße.

Reflexion: Weckrufe

Manchmal scheinen wir die Brisanz von Krisen und Nöten als Weckruf zu benötigen. Sie sind Chancen, um wieder mit dem in Verbindung zu kommen, was uns wirklich wichtig ist. Fragen Sie sich:

- Gibt es gerade ein Ereignis in meinem Umfeld, in meiner Familie, das mich aufrüttelt oder berührt? Bin ich bereit, etwas aus diesem Ereignis zu lernen und zum Anlass für eine Neuorientierung oder Kurskorrektur zu nehmen?
- Wie könnten die ersten Veränderungsschritte für mich aussehen?

Warum fällt uns Muße so schwer?

»Wir sehen die Dinge nicht, wie sie sind,
wir sehen sie so, wie wir sind.«
Aus dem Talmud

Zeiten, die wir mit Muße verbringen, bringen uns näher in Kontakt zu uns selbst. Wir machen etwas, was uns wirklich guttut. Das reicht vom Nichtstun bis zum genussvollen, bewussten Tun. Was sich so leicht und erstrebenswert anhört, fällt den meisten Menschen allerdings schwer. Denn in der Regel haben wir nicht gelernt oder kommen gar nicht auf die Idee, uns freie Zeit zu nehmen und bewusst Raum für Muße zu finden.

Herausforderung: Unsere Prägungen

In meiner Kindheit war Nichtstun ein Fremdwort. Ich wuchs in einer Familie auf, die sehr lebendig und immer mit etwas beschäftigt war. Ständig gab es etwas zu tun, vorzubereiten, aufzuräumen und vor allem zu arbeiten. Mit Haus, Gartenarbeit, Hunden, Katze, zwei Kindern, einem großen Freundeskreis, den Eltern direkt nebenan und einem Teilzeitjob war meine Mutter voll ausgelastet. Mein Vater war selbstständig tätig und konnte sich seine Zeit zwar einteilen, doch in jeder freien Minute war er mit Sport oder anderen Aktivitäten beschäftigt. Meine Großeltern gehörten zu der Generation, die nach dem Krieg alles aufgebaut hat. Ruhe oder Innehalten waren vor allem für meinen

Großvater pure Faulheit und etwas, was sich nur reiche Leute leisten können.

Meine Großmutter war ein wenig anders: Sie liebte schon immer kurze Reisen, nette Restaurantbesuche und ausgiebige Einkaufstouren. Das entspannte sie und verschaffte ihr kleine Auszeiten vom Alltag. Doch sie versuchte vergeblich, sich diese Freiheiten zu nehmen, es gelang ihr viel zu selten, wie sie sich oft beklagte. Der Druck ihres Mannes und der gemeinsame Wunsch, etwas aufzubauen, um es den Kindern und Enkeln einfacher zu machen, waren größer. So arbeiteten beide von morgens bis spät abends. Das Wort Muße kam im Familienwortschatz gar nicht vor. Es gab keine unverplante Zeit, einfach nur rumsitzen und nichts tun war unerwünscht. Sobald ich mal zur Ruhe kam, mich aufs Sofa setzte und offensichtlich nicht mit etwas Wichtigem beschäftigt war, wurde das abfällig als »faulenzen« bewertet. Und prompt folgte eine Aufforderung: »Wenn du nichts zu tun hast, dann kannst du doch jetzt mal die Blumen gießen, den Hund kämmen oder die Äpfel für den Kuchen schälen.« Nichtstun gab es nicht. Immer mit etwas beschäftigt und fleißig sein, nur das zählte. Denn zuerst kam die Arbeit, dann das Vergnügen. Dieser Leitsatz schien unumstößlich. Doch zum Vergnügen in Form von freier Zeit kam es erst gar nicht. Dazu fehlte mir nach der Erledigung aller Aufgaben am Ende die Zeit. Oder ich war schlicht zu müde dafür. Bald stellte ich fest: Wenn ich so tat, also würde ich etwas tun – lernen, lesen, am besten was für die Schule –, dann konnte ich mir kleine Freiräume schaffen. Ich saß also am Tisch über einem Buch, las aber nicht, sondern träumte einfach mal in Ruhe vor mich hin. Doch mich plagten dabei oft ein schlechtes Gewissen und die Überzeugung, dass ich wirklich faul sei, wenn ich einfach mal nichts tue.

Damit befand ich mich in guter Gesellschaft. Denn wir lernen in der Regel schon früh, dass es darum geht, aktiv zu sein, etwas zu schaffen, zu arbeiten. Solche Prägungen verhindern, dass wir erfahren, wie es sich anfühlt, etwas mit Muße zu tun. Oder dass wir uns Zeiten gönnen, in denen wir ohne schlechtes Gewissen nichts tun. Doch je mehr wir im Aktivitätsmodus sind, desto geringer ist unsere Sensibilität für uns selbst. Wir spüren uns nicht mehr und reagieren nur noch. Das ewige Tun lenkt uns von uns selbst ab, und wir werden uns fremd. Im Daueraktivitätsmodus sind wir nicht mehr richtig präsent, wir haben das Gefühl, die Zeit verfliegt immer schneller. Die Tage, Wochen, Monate und Jahre ziehen mit einer sich weiter beschleunigenden Geschwindigkeit an uns vorbei, ohne dass wir uns wirklich spüren. Der Müßiggang könnte uns helfen, doch er ist unerwünscht und wurde uns abgewöhnt.

Reflexion: Wie gut bin ich im Nichtstun?

Es lohnt sich, einen ehrlichen Blick auf die Fähigkeit zum Nichtstun zu werfen: Fragen Sie sich, ob Sie Ruhe und Stille gut aushalten oder sogar genießen können. Oder assoziieren Sie das Nichtstun mit Faulsein, das in unserer Leistungsgesellschaft nicht gern gesehen wird? Hinterfragen Sie, ob Nichtstun wirklich mit Faulheit gleichzusetzen ist.

- Lasse ich mich unbewusst von alten Bewertungen leiten, die ich in der Kindheit gehört habe, wie zum Beispiel »Schau nicht in die Luft«, »Hör auf, Daumen zu drehen« oder »Lass dich nicht so treiben, sondern tue endlich was«?
- War Nichtstun in meiner Familie »erlaubt« oder unerwünscht?
- Sind mir Sprüche vertraut wie »Müßiggang ist aller Laster Anfang«? Habe ich diese Überzeugung bisher jemals kritisch infrage gestellt?

Es könnte an der Zeit sein, sich von solchen Glaubenssätzen zu befreien, wenn sie Ihre Lebensqualität einschränken.

Die Erlaubnis zum Nichtstun

Bei vielen Menschen ist das Nichtstun mit dem unangenehmen Gefühl verbunden, zu nichts nutze zu sein. Dieser Glaubenssatz liegt oft sehr tief und berührt empfindlich unser Selbstwertgefühl. Gerade aktive und erfolgreiche Menschen, denen es in vielen Bereichen nicht an Selbstwert mangelt, können bei aufrichtiger Selbstbefragung feststellen, dass sie sich ein wirklich entspanntes Nichtstun nicht gönnen können, obwohl sie es gern täten. Hauptgrund dafür ist die gesellschaftlich weit verbreitete, ziel- und leistungsorientierte Wertedefinition, in der Aktivität und Produktivität hochgehalten werden und Nicht-Aktivität wertlos erscheint, weil sie kein Wachstum verspricht. Diese Sicht führt auch zu familienspezifischen Glaubenssätzen, die wir schon früh verinnerlichen. Leider haben wir damit allzu oft verlernt, uns selbst jene »Ruhe der Seele« zu verschaffen, die Goethe als »herrliches Ding« empfahl.

Auch in meiner Familie war das so. Gisela, die Freundin meiner Mutter, erkannte das und bestärkte uns einfühlsam in mehreren Gesprächen, dass wir nicht faul seien, wenn wir uns mehr Zeit für Nichtstun und Unproduktives nahmen. Es tat gut, dies von einer anderen Person zu hören. Denn die eigene Erlaubnis zum Nichtstun war nicht kraftvoll genug. Die alten Glaubenssätze saßen zu tief, es brauchte eine stärkere Ermächtigung. Ein paar Argumente halfen: »Nichtstun ist eine Zeit ganz für uns selbst, und das ist wichtig. Nehmt euch Zeit zum Nichtstun und wenn es nur fünf oder zehn Minuten am Tag sind. Zieht euch zurück, schaut in die Luft, beobachtet die vorbeiziehenden Wolken, schaut, euch die Blumen an. Versucht, einfach nur da zu sein, genießt es, nichts tun zu müssen, und erlaubt euch, den Augenblick zu genießen.«

Giselas nachdrückliche Ansage war angekommen. Für mich fühlte es sich von da an einfacher an, mir Zeit für das Nichtstun zu nehmen. Muße-Zeiten wurden wichtig. Jeder brauchte schließlich Zeit zur Verarbeitung der eigenen Gefühle, zum Verstehen und zur Regeneration. Muße erlebte ich damals als Oase des Rückzugs. Es wurde mir zugestanden, erlaubt, ja sogar »verordnet«, mir Zeit für mich selbst zu nehmen. Ich hatte bald ein Schild an der Tür »Bitte nicht stören«. Ich brauchte kein schlechtes Gewissen zu haben, in dieser Zeit gar nichts zu tun und »faul« zu sein. Welche Freude und Erleichterung! Meistens nahm ich mir meine ganz persönliche Muße-Zeit am Abend, denn feste Zeiten halfen mir. Erst saß ich still da, anschließend schrieb ich meine Gedanken auf, was ich als klärend und reinigend empfand. Ich erlebte mich in Kontakt mit mir selbst, ehrlich und aufrichtig. Das tat gut.

Übung: Nichtstun lernen

Wie sieht es bei Ihnen aus? Können Sie das Nichtstun einfach genießen? Haben Sie sich selbst die Erlaubnis zum Nichtstun erteilt? Oder haben Sie sie von jemandem ausdrücklich erhalten? Spüren Sie subtile Widerstände beim Nichtstun?

Ein Vorschlag: Geben Sie sich feierlich die Erlaubnis, auch mal nichts zu tun. Schreiben Sie es auf, vielleicht auf einen Klebezettel, den Sie an den Badspiegel hängen, oder legen Sie einen entsprechenden Zettel in Ihre Geldbörse.

Falls Ihre eigene Ermächtigung nicht ausreicht, was durchaus sein kann, weil dieses Verbot zum Nichtstun tief in den Glaubenssätzen verankert sein kann, dann suchen Sie sich eine Person in Ihrem Umfeld, die das Nichtstun offensichtlich genießen kann, und bitten Sie sie um ein motivierendes Gespräch.

Achten Sie darauf, dass Sie von nun an auch positiv über das Nichtstun sprechen, und motivieren Sie sich selbst mit

Sätzen wie: Ich gönne mir jeden Tag einen Moment des Nichtstuns. Diese Zeit gehört nur mir, und ich tanke dabei Kraft.«

Vielleicht starten Sie ein kleines Experiment: Versuchen Sie zwei Wochen lang jeden Tag zehn Minuten nichts zu tun. Setzen Sie sich auf Ihr Bett, auf Ihr Sofa oder auf eine Parkbank. Schauen Sie, was passiert. Schreiben Sie sich auf, welche Erfahrungen Sie machen und ob Sie vielleicht auch Einsichten haben.

Zu Anfang fällt es Ihnen wahrscheinlich schwer, doch versuchen Sie durchzuhalten. Es geht nur um zwei Wochen.

Herausforderung: Vorbilder fehlen

Der Zustand der Muße ist uns in den letzten Jahrzehnten zunehmend abhandengekommen. Uns fehlen dafür auch die Vorbilder. Wer erlebt noch, wie die Mutter abends nichts tuend, lesend oder strickend am Kamin sitzt und dabei eine tiefe Ruhe ausstrahlt? Oder einen Vater, der bei seinem Handwerk in einen nahezu meditativen Zustand gerät? Fehlen uns Rollenvorbilder im Elternhaus oder im Umfeld, haben wir zunächst Schwierigkeiten zu verstehen, was es bedeutet, sich Zeit für sich nehmen. Und wie es sich anfühlt, Tun mit Ruhe und Entspannung zu verbinden oder das Nichtstun als wertvoll zu erachten. Mir fehlten solche Vorbilder. Erst mit dem Nachdruck der lebensbedrohlichen Erkrankung meiner Mutter und den dadurch anstehenden lebensverändernden Maßnahmen gelang es mir und meiner Familie, nachzulernen und Schritt für Schritt den Aspekt im Alltag einzubauen, der bisher gefehlt hatte: die Muße.

Dabei hatten wir eine wichtige Helferin an unserer Seite, die meine erste Mentorin wurde: Gisela, eine Therapeutin und Freundin, die bereits einige Krebspatienten begleitet hatte und die Herausforderungen kannte, die es jetzt anzugehen galt. Denn wir waren mit der Situation überfordert, weil die Erkrankung das gewohnte Familiensystem zutiefst aufrüttelte. Gisela sprach oft allein mit meiner Mutter, baute sie auf, ermutigte sie, ihre Ängste zuzulassen, die Sorgen auszusprechen und gleichzeitig einen neuen Anker zu werfen: Sie sollte sich auf den Augenblick, jeden einzelnen Tag konzentrieren. Nur die Gegenwart zählte jetzt, nicht die Zukunft, nicht die Vergangenheit.

Gisela bezog zudem die ganze Familie ein, sie sprach darüber, wie wichtig es sei zu verstehen, dass wir in einem Familiensystem leben und die Veränderung alle betrifft, nicht nur meine Mutter. Jeder durchlebt seinen eigenen inneren Prozess der Auseinandersetzung und Verarbeitung der Krankheit und ihrer Folgen. Hier braucht es Verständnis für jeden Einzelnen und die regelmäßige offene Aussprache miteinander. Gisela verdeutlichte uns, wie wichtig es sei, eine neue Ausgewogenheit von Aktivität und Ruhe, Anspannung und Entspannung zu finden. Sie ging mit uns den typischen, voll getakteten Tagesplan durch. Sie diskutierte mit uns die unterschiedlichen Aufgaben, die jeder zu erfüllen hatte. Wir machten Vorschläge, was wir möglicherweise anders aufteilen, zurückstellen oder sogar lassen könnten. Wir schauten genauer hin, wann und wo es für jeden von uns einen Freiraum und ein Zeitfenster geben könnte, um sich zurückzuziehen, sich Ruhe zu gönnen. Gisela gab uns Impulse, Antworten auf Fragen und machte Vorschläge, wie wir die selbstbestimmte Zeit nutzen konnten, um in Kontakt mit den eigenen Bedürfnissen zu kommen. Wir lernten in kleinen Schritten und auf eine für uns angemessene Weise.

Gisela legte uns noch ein weiteres wichtiges Element ans Herz: Wir sollten uns Zeit nehmen, um uns gegenseitig besser zu verstehen, uns regelmäßig in einem entspannten Rahmen auszusprechen. Vor der Erkrankung hatten wir uns kaum Zeit dafür genommen, um miteinander über das zu sprechen, was uns bewegt. Irgendwie lebte jeder sein eigenes Leben und war mit sich beschäftigt. Wir lernten also unter Giselas Anleitung, füreinander Verständnis zu entwickeln und die jeweiligen Verhaltensweisen zu respektieren. Dadurch entstand ein schönes Gefühl der Anteilnahme und der Zusammengehörigkeit.

Meine Mutter machte das vorbildlich. Sie war durch viele Prozesse gegangen, hatte gelernt, ihre Wünsche wieder wahrzunehmen, sich Zeit für das ihr Wesentliche einzuräumen, die alten zeitlich antreibenden Verhaltensmuster abzulegen und neue heilsamere zu entwickeln. Diese neue Wahrnehmung und Fähigkeit zur Selbstregulierung erfüllte sie mit Freude. Ich erlebte, welche tief greifende Veränderung möglich war, weil Zeit für Ruhe, für Regeneration, Reflexion und Nichtstun als wertvoll erkannt wurde.

Vorbilder

Vorbilder erfüllen eine wichtige Funktion: Sie ermutigen andere Menschen durch ihr einfühlsames Verhalten und ihre klugen Ratschläge, an sich zu glauben und ihre Fähigkeiten zu entfalten. Wir finden sie, wenn wir genauer Ausschau halten. Meistens leben sie mitten unter uns. Sie verkörpern menschliche Qualitäten, die wir erstrebenswert finden und die wir uns zum Leitbild nehmen können. Vorbilder schenken uns Orientierung – beispielsweise durch ihr warmherziges und erfolgreiches Handeln, durch ihre gesunde Lebensweise oder die Weisheit, die sie aussprechen. Wahrhaftige Vorbilder kreisen nicht nur um sich selbst, sondern sind tief mit der Welt verbunden und dienen einem heilsamen Zweck.

Vorbilder müssen nicht perfekt sein. Sie sind wie alle Menschen auf einem Entwicklungsweg, sie machen Fehler. Entscheidend ist, wie sie damit umgehen. Setzen sie sich damit auseinander? Sind sie bereit, daraus zu lernen? Der authentische Umgang mit dem, was das Leben ihnen gibt, macht sie zum Vorbild, sie wirken durch ihre Glaubwürdigkeit.

Reflexion: Meine Vorbilder

Befragen Sie sich selbst:

- Wie war das in meiner Familie? Hatte ich Vorbilder?
- Gab es Menschen in meinem Umfeld, die mir vorgelebt haben, wie ich mir Zeit für mich selbst einräumen könnte?
- Habe ich von jemandem abschauen können, was Genießen, was Lebensqualität und eine Haltung der Muße bedeuten?
- Wen könnte ich mir jetzt zum Vorbild nehmen, wenn es um Muße geht?

Nach dem Tod meiner Mutter veränderten sich die Prioritäten, nein – ich veränderte die Prioritäten. Der Abschluss meiner Bankausbildung wurde wichtig. Ich hatte einiges nachzuholen, weil ich die Wochen zuvor lieber am Bett meiner Mutter verbracht hatte, als in die Bücher zu schauen. Kleine Rückzugszeiten nahm ich mir weiterhin. Sie waren in den ersten Wochen von leiser Trauer und dem Aufschreiben meiner Gedanken und Gefühle geprägt. Manchmal saß ich einfach nur da und schaute den Wolken zu.

In unserem Familiensystem hatte sich eine große Veränderung vollzogen. Zu Anfang trafen sich mein Vater, meine Schwester und ich noch am runden Tisch. Wie gewohnt wurden wir erst still und tauschten uns dann über unsere Befindlichkeiten und Einsichten aus. Doch wir stellten fest, dass das Bedürfnis danach abgenommen hatte. Jeder wollte seine Zeit anders verbringen. Das respektierten wir und trafen uns von da an seltener.

Ich lernte: Muße erlebt jeder etwas anders, und sie kann unterschiedliche Formen annehmen. Sie verändert sich, je nachdem, in welcher Lebensphase wir uns befinden und was uns wichtig ist. Eine mußevolle Haltung kann Ruhe in den Aktionismus bringen oder auch das reine Nichtstun zu einem wichtigen Wert erheben, sie kann in Stille oder in Gesellschaft erlebt werden.

Herausforderung: Wir sind zu beschäftigt für die Muße

Nach Abschluss der Bankausbildung begann ich mit meinem Psychologiestudium und versuchte, meinen Alltag so zu strukturieren, dass genügend freie Zeit blieb. Das gelang mir in den ersten beiden Semestern noch richtig gut. Nach einem halben Tag in der Uni kam ich nach Hause und genoss erst mal einen einstündigen Nachmittagsschlaf. Regelmäßig nahm ich mir für mich selbst Zeit, las ein Buch, döste herum, meditierte oder schrieb etwas in mein Tagebuch. Das tat gut, und ich spürte eine innere Balance. Dann standen die ersten Prüfungsklausuren an. Ich begann, meine Zeit mit Lernen zu füllen, war viel unterwegs und fast jeden Abend mit Freunden verabredet. Langsam ging mir die Innigkeit mit mir selbst und auch ein gewisses Maß an frei verfügbarer Zeit wieder verloren. Es passierte einfach, und ich merkte es zunächst kaum. Ich war nun mit so vielen Dingen gleichzeitig beschäftigt: Ich war frisch verliebt, hatte einen großen Freundeskreis, jobbte in einer Firma und musste dringend noch mehr für das Studium tun. Zudem interessierten mich Autogenes Training, Meditation, Yoga, ich belegte Kurse und befasste mich mit der Systematik der Astrologie. Schon mein Urgroßvater hatte diese Passion, und ich wollte das nun auch vertieft lernen. Mein Tag war voll, sogar übervoll gepackt. Ich war zu beschäftigt für die Muße. Ein Getriebensein hatte sich eingeschlichen, ich hetzte von einem Termin zum nächsten. Ich wollte nichts verpassen, auf keine meiner spannenden Aktivitäten verzichten, und gleichzeitig wuchs der Druck, genug zu lernen und meine Prüfungen zu schaffen. Ich war in ein Hamsterrad des selbst geschaffenen Aktionismus geraten. Es drehte sich immer schneller, und ich hatte eher das Gefühl, meine Aktivitäten zu konsumieren, statt sie zu genießen.

Diese persönliche Erfahrung entspricht auch dem, was ich in unserer Gesellschaft beobachte. Kindern, Jugendlichen oder jungen Erwachsenen wird kaum Raum für Muße eingeräumt. Der Leistungsdruck hat alle erreicht und beginnt schon im Kindergarten oder in der Grundschule, spätestens wenn es darum geht, eine Qualifikation für die weiterführende Schule zu erreichen. Für viele Kinder gibt es kaum noch freie Nachmittage zum Spielen und unverplante Wochenenden. Das Schulpensum ist kaum zu schaffen, vor allem für diejenigen, die sich mit der verkürzten Schulzeit bis zum Abitur herumschlagen. Die Angst zu scheitern ist allgegenwärtig. Die Eltern stehen unter Druck, schließlich wollen sie doch nur das Beste für ihre Kinder.

Viele Kinder haben zusätzlich damit zu kämpfen, dass die Eltern getrennt sind und sich manchmal herausfordernde Patchworkkonstellationen ergeben. Sind die nahen Bezugspersonen zu beschäftigt für die Muße, weil sie selbst unter großem Leistungsdruck stehen oder in emotional herausfordernden Situationen stecken, so fehlen den Kindern die wichtigen Vorbilder. Statt Gelassenheit und Sinn für mußevolle Lebensqualität zu erfahren, wachsen sie mit alltäglichem Hetzen, Druckmachen, Druckspüren auf.

Der Leistungsdruck ist nicht nur im Schulsystem, sondern auch im Studien- und Ausbildungssystem sichtbar. Immer mehr Jugendliche und junge Erwachsene erleben Burnout-ähnliche Symptome. Nicht selten gibt es Hochschulabsolventen, die es nicht ins Berufsleben schaffen, sondern in einer Klinik landen, weil sie dem Druck nicht mehr standhalten. Was wir also dringend brauchen, ist ein starkes inneres Regulierungssystem. Eine innere Selbstführung, die uns immer wieder erinnert, gut für uns zu sorgen, uns für uns selbst Zeit zu nehmen. Wir brauchen eine starke Instanz in uns, um dem äußeren Druck zu widerstehen und zu vermeiden, dass sich weiterer innerer Druck aufbaut. Es ist wichtig, bei uns selbst anzufangen und gleichzeitig mutig daran mitzuwirken, das Bildungssystem, die Wirtschaftswelt, das Gesundheitssystem sowie die Politik – auch im Kleinen – so umzugestalten, dass sie uns, der Umwelt und dem Gemeinwohl wirklich dienen. Jeder kann einen sinnvollen und heilsamen Beitrag leisten. Am besten dort, wo seine Handlungsspielräume und seine Kompetenzen liegen, sei es in der eigenen Beziehung, in der Familie, im Freundeskreis, in seiner Profession, mit seiner Stimme und durch seine alltäglichen Entscheidungen, etwa beim Konsum.

---

i Ablenkung und Aktionismus statt Muße

Es gibt einen schmalen Grad zwischen dem, was uns zu unseren wahren Bedürfnissen führt, und dem, was uns vom Wesentlichen ablenkt. Viele Menschen glauben, es sei eine Form der Muße, wenn sie nach einem harten Arbeitstag abends vor dem Fernseher sitzen, nebenbei etwas essen und irgendwann darüber einschlafen. Dies scheint jedoch eher eine Ablenkung von den Herausforderungen des Tages zu sein. Genauso gibt es Menschen, die davon überzeugt sind, dass Auspowern nach der Arbeit im Fitnessstudio, beim Joggen, Biken oder beim Power Yoga in die Entspannung führt. Ob das Aktionismus, ein weiterer Punkt auf der To-do-Liste oder Muße ist, kann nur jeder für sich selbst beantworten. Es hängt wohl auch vom individuellen Empfinden und der subjektiven Bewertung ab. Es gibt jedoch Anhaltspunkte, die uns Klarheit verschaffen können.

Der Zustand der Muße ist geprägt von einer inneren Entspannung. Diese kann bei einer Tätigkeit oder auch beim Nichtstun entstehen. Wir merken es daran, dass wir ganz darin aufgehen. In der Entspannung sind wir anstrengungslos präsent, also gegenwärtig.

Nehmen wir das Beispiel Fernsehen. Für manche kann Fernsehen durchaus in einen mußevollen Zustand führen. Das kann besonders dann der Fall sein, wenn sie bewusst entscheiden, was sie gemäß ihrer Vorlieben anschauen. Vielleicht wählen sie einen Film oder eine Sendung, durch die sie berührt werden, etwas, was ihnen Freude bereitet, sie zum Lachen bringt, oder sie entscheiden sich für Krimis oder Thriller oder ein spannendes Fußballspiel, um intensiv Emotionen zu spüren. Bei dieser Art fernzusehen sind wir hoch präsent.

Es gibt eine andere Art von Fernsehkonsum, bei der wir nicht bewusst das Programm wählen, durch die Sender zappen und uns ungefiltert mit Reizen konfrontieren. Hier spüren wir kaum den Kontakt mit uns selbst und wählen nicht. Wir finden weder in eine Konzentration oder eine freudige Aufmerksamkeit noch in ein Gefühl der Entspannung.

Jeder hat hier andere Vorlieben: Während ich bei aufregenden Thrillern noch nie in einen entspannten, mußevollen Zustand gekommen bin und mich danach auch nicht wohlfühle, kann das für jemand anderen subjektiv durchaus so sein. Zumindest habe ich das schon gehört.

Ablenkung beeinflusst die Lebenszufriedenheit

Wie wichtig schätzen wir es ein, aufmerksam gegenüber dem zu sein, was wir gerade tun? Eine Studie der Harvard-Psychologen Gilbert und Killingworth unter dem Titel »Ein wandernder Geist ist ein unglücklicher Geist« mit über eintausend Teilnehmern untersuchte, wie sich Abgelenktsein auf die Lebenszufriedenheit im Alltag auswirkt. Die Teilnehmer meldeten über eine Smartphone-App in regelmäßigen Abständen, was sie gerade taten, wie abgelenkt sie von Gedanken waren und wie sie ihre Stimmung anhand einer Skala einschätzten. Die Studienergebnisse zeigten, dass ihr Wohlgefühl stärker davon abhing, wie aufmerksam sie sich einer Sache widmeten, als von der Art der Tätigkeit, mit der sie beschäftigt waren.

Es gibt eine ganze Reihe von Mußeversprechen in unserer Gesellschaft, die uns, wenn wir genauer hinschauen, eher zerstreuen und ablenken, uns also aus der Präsenz herausführen, anstatt uns gegenwärtig und bewusst sein zu lassen. Dazu gehören viele Arten von Freizeit- und Vergnügungsaktivitäten. Sie sollen unterhalten, ablenken, zum Konsum anregen. Dazu gehören Shoppen, Zappen (Fernsehschauen), Playing (Online Games), Surfen (sich ohne Ziel durchs Internet klicken), sich mit Werbung berieseln lassen und viele andere Aktivitäten, die rein auf Unterhaltung aus sind.

So versuchen wir oft, die Muße zu vermeiden, denn Muße konfrontiert uns mit uns selbst, und das ist nicht immer gewollt. Dann möchten wir uns ablenken, uns nicht tiefer spüren, sondern einfach »abschalten« und uns zerstreuen. Das kann völlig in Ordnung sein, und sich dessen bewusst zu sein, ist erleichternd. Auf der anderen Seite kann sich ein Gefühl einstellen zu verdrängen, nicht mehr mit sich und anderen in Kontakt zu sein, bis hin zu dem Gefühl, dass das Leben an uns vorbeizieht. Es fühlt sich nicht erfüllend an.

Es gibt eine Vielzahl von Aktivitäten, die auf der Schwelle zwischen Muße und Ablenkung stehen, das Zeitunglesen kann dazugehören.

Die innere Haltung ist entscheidend

Es gibt Aktivitäten, die uns innerlich nicht zur Ruhe kommen lassen, sondern ein Gefühl von Angespanntheit, vielleicht sogar Gehetzt- oder Getriebensein hervorrufen. Viele Alltagsaktivitäten sind davon geprägt. Wir tun so einiges, was eigentlich entspannend sein könnte, mit Hast. So fahren wir in den Urlaub und kommen kaum zur Ruhe, weil wir uns ein pralles Programm mit Ausflügen und Besichtigungen vorgenommen haben. Viele sogenannte Freizeitaktivitäten haben schon längst keinen entspannenden Charakter mehr, weil das Grundgefühl dabei oder danach eher Erschöpfung ist. Oft haben wir uns etwas für einen Sonntag vorgenommen, einen Konzertbesuch, die Eltern besuchen gehen, Freunde treffen. Doch wenn der Termin naht, fühlen wir uns vielleicht gar nicht danach, wenn wir ehrlich sind. Der Besuch, das Konzert werden nicht in Freude und mit Genuss erlebt, sondern aus Pflichtbewusstsein zur Erfüllung der eigenen oder fremder Vorstellungen.

Es gibt also zwei Merkmale, mit denen wir herausfinden können, wann wir uns ablenken oder in Aktionismus verfallen: Das erste Merkmal ist Präsenz. In der Muße fühlen wir uns wirklich bewusst und aufmerksam. Das zweite Merkmal ist die innere Stimmung. In der Muße fühlen wir uns ruhig und wohl. In der Muße fällt das Müssen weg. Es entsteht ein Gefühl von Behaglichkeit, Entspannung und Genuss.

Muße und Präsenz

Präsenz ist ein wesentliches Merkmal des Muße-Zustandes. Präsenz ist nicht mit fokussierter Konzentration zu verwechseln. Präsenz ist anstrengungslos, sie hat einen offenen, empfangenden und damit entspannten Geschmack. Betrachten wir aus diesem Blickwinkel unsere Aktivitäten, können wir leichter herausfinden, wann wir uns in einem hochkonzentrierten, doch angespannten Zustand befinden und wann wir etwas in einem präsenten und dabei entspannten sowie mußevollen Zustand tun.

Herausforderung: Wir sind vergesslich

Wir alle kennen Momente wunderbar mußevoller Zustände: das warme, entspannende Bad an einem kalten Tag, ein in Ruhe gelesenes Buch, ein zauberhafter Sonnenuntergang am Meer, mit Freude in die Arbeit versunken zu sein, das großartige Gefühl, nichts zu müssen und einfach frei verfügbare Zeit zu haben. Sogar das genussvolle Nichtstun kennen die meisten, auch wenn das für viele einen besonders schwierigen Aspekt der Muße darstellt. Die Herausforderung ist: Obwohl wir wissen, wie gut uns die Muße-Zustände tun – dieses Schwelgen im Augenblick, das einfache Dasein – wir vergessen es wieder und erleben nur selten Momente der Muße.

Mich erwischte die Vergesslichkeit sehr deutlich mit Mitte zwanzig. Ich hatte bereits etwas über die Prinzipien der Muße verstanden, hatte sie anschaulich erlebt und mir vorgenommen, sie in meinem Alltag lebendig zu halten. Und trotzdem vergaß ich sie für eine Zeit. Eine innere Unrast hatte mich erfasst. Sicher gab es gute Gründe: Der Prüfungsstress im Studium hatte noch weiter zugenommen, ich jobbte nebenher und in den Semesterferien. Einen entspannten Nachmittagsschlaf gab es schon lange nicht mehr, auch keine freien Abende. In mir herrschte ständige innere Anspannung und Druck. Ich stellte fest: Ich fühlte mich nicht erfüllt, obwohl ich voll beschäftigt war. Das bemerkte ich zwar, tat jedoch nichts dagegen – bis ich zum Glück bei Freunden Adrian kennenlernte, der mich dazu brachte, wieder etwas zu entschleunigen und das Leben gelassener anzugehen.

Adrian war etwas älter als mein Großvater, und ich erlebte ihn als eine besonders lebensbejahende, vitale Person. Seine Lebensgeschichte beeindruckte mich. Er hatte viele Schicksalsschläge erlebt. Seine erste Frau kam bei einem tragischen Autounfall ums Leben, und er selbst wurde dabei lebensgefährlich verletzt, da war der jüngste Sohn gerade neun Monate alt. Sein älterer, hochbegabter Sohn beging mit siebzehn Jahren Selbstmord, und die zweite Ehe scheiterte. Im Berufsleben war er lange ein erfolgreicher Manager, doch dann verlor er durch verschiedene Umstände seinen Wohlstand. Nun war er Ende sechzig und lebte recht bescheiden. Diese dramatischen Ereignisse hatten ihn jedoch nicht verbittert, sondern in eine innere Freiheit geführt. Das spürten auch andere. Adrian galt als weiser Mann. Das Fernsehen drehte eine Fernsehdokumentation über ihn, und er wurde regelmäßig von christlichen und konfessionslosen Einrichtungen als Referent eingeladen. Bei seinen Vorträgen über Gott und die Welt fanden sich regelmäßig junge und ältere Menschen ein.

Adrian und ich freundeten uns an und verbrachten bald regelmäßig einen Nachmittag oder Abend pro Woche miteinander. Oft trafen wir uns für einen Spaziergang, saßen im Café oder kochten zusammen. Mein Umfeld war etwas irritiert, weil ich so gern Zeit mit einem älteren Herrn verbrachte und dafür andere Aktivitäten reduzierte. Doch ich fühlte mich zu ihm hingezogen. Mit ihm schien ich aus der Zeit herauszufallen. Ein paar Stunden mit ihm vergingen wie im Fluge und fühlten sich gleichzeitig sehr lange an. Adrian war die Muße in Person. Für ihn schien es keine Hektik oder Eile zu geben. Er bekam alles sehr wach mit, war es gewohnt, über seine Gedanken und Gefühle in großer Klarheit zu reflektieren und gut zuzuhören. Nach einem Treffen mit ihm fühlte ich mich immer entschleunigt und inspiriert. Mit Adrian lernte ich viel über mich selbst, zunächst vor allem über meine Ungeduld. Wenn wir zusammen kochten und aßen, ging alles ganz langsam. Er brauchte fast doppelt so lange zum Essen wie ich. Nach jedem Bissen legte er die Gabel zur Seite, kaute genüsslich und nahm das Besteck erst wieder auf, wenn der Mund leer war. Oft schwieg er das ganze Essen über und konzentrierte sich vollkommen auf die Mahlzeit. Ich war es nicht gewohnt, die Gabel zwischen den Bissen wegzulegen, sondern schaufelte beim Kauen gedankenverloren die nächste Gabel voll. Im Zusammensein mit Adrian fiel mir das deutlich auf.

Ich begann, mich seinem Tempo anzunähern – zumindest wenn wir zusammen waren. Ich wurde langsamer, zunächst beim Essen, dann auch beim gemeinsamen Spülen und Abtrocknen des Geschirrs, was wiederum eine Geduldsprobe für mich war. Auch hier machte er mir vor, mit welcher Präsenz es möglich war, eine Sache zu tun. Interessanterweise machte es mir Freude, das verlangsamte, aufmerksame Tun fühlte sich erfüllend an. Auch beim Spazierengehen legte er oft kleine Pausen ein. Immer wieder unterbrach er das, was er tat, hielt inne und wurde sich des Augenblicks bewusst. Er nahm sich Zeit, um seine Umgebung wahrzunehmen, zeigte auf Dinge, die ich übersehen hatte, weil ich mal wieder in Gedanken verloren war. Ich erlebte, wie viel wacher und interessierter ich in Adrians Anwesenheit wurde. Ein Spaziergang mit ihm oder eine gemeinsame Mahlzeit erlebte ich als etwas Besonderes, weil wir in einer Stimmung von »alle Zeit der Welt« waren.

Wir diskutierten viel, und ich fragte ihn, ob diese Langsamkeit, Bedächtigkeit und das Einlegen von Pausen nicht eher ein Privileg der älteren Generation sei. Denn ich spürte immer wieder inneren Druck aufkeimen, war ungeduldig, wollte nichts verpassen und bemerkte eine gewisse Getriebenheit in mir. Und manchmal hatte ich das Gefühl, nichts wirklich Nachhaltiges bezüglich innerer Ruhe und Gelassenheit gelernt zu haben. Das vertraute ich ihm an und fragte ihn um seinen Rat. Adrian lächelte gütig und wissend. Ich erinnere mich, als wie klärend ich seine Worte empfand. Ich schrieb sie auf, um sie nicht zu vergessen.

Er meinte, die Qualität der Muße, die wir erleben, hat nichts mit dem Alter zu tun. Es gäbe auch junge Leute, die in einer entspannten, gelassenen Haltung lebten, und Alte, die bis zum Lebensende nicht wirklich Ruhe und innere Erfüllung finden. Jeder sei auf seinem ganz eigenen Entwicklungsweg im eigenen Tempo unterwegs. Er riet mir, mich nicht mit ihm oder anderen Menschen zu vergleichen. Jeder könne nur selbst einschätzen, wie viel mehr Genuss, Lebensfreude und Vitalität die Muße in sein Leben bringen kann und wofür er sie nutzen wolle. Diese Vielfalt und die freie Entscheidung gelte es zu schätzen und anzuerkennen. Für alle, die sich für mehr Muße entscheiden und sie aktiv leben möchten, ist es wichtig, die im Weg stehenden inneren Dynamiken klarer zu sehen. Wir können erforschen, wie geprägt, unbewusst getrieben, wie beschäftigt, wie abgelenkt und vergesslich wir doch sind. Er riet mir, das alles aus einer entspannten Haltung heraus und ohne Veränderungsdruck zu betrachten. Muße sei eine gelassene Haltung und deren Kultivierung ein lebenslanger Entwicklungsprozess des Bewusster-Werdens.

Adrians weise Worte begleiteten mich, sie halfen mir sehr, mich besser zu verstehen und mich zu orientieren. Sie nahmen mir den subtilen inneren Druck, etwas »falsch« machen zu können, zu versagen oder gar zu scheitern. Mit der Zeit wurde ich lockerer und ärgerte mich nicht mehr so häufig, wenn ich mich in einem der Hindernisse verwickelte. Schon allein zu wissen, welche Herausforderungen es gab und welche sich mir immer wieder in den Weg stellten, entspannte mich. So folgte ich Adrians Ratschlag und besänftigte mich selbst, wenn ich entspannende Muße-Zeiten vergessen hatte, mein Terminkalender aus Unachtsamkeit mal wieder zu voll war und mir keine freie Zeit blieb. Anstatt mich anzuklagen oder mich ohnmächtig von den Ereignissen überrollt zu fühlen, setzte ich mich hin, atmete tief durch und stellte Prioritäten auf. Dann sagte ich die Termine ab, die mir nicht so wichtig erschienen, und hatte wieder etwas Freiraum.

Nicht immer ist das so einfach. Die Prägungen aus unserer Kindheit und die eingeschliffenen Gewohnheiten liegen tief. Auch wenn wir den beruhigenden, entspannenden, Lebensqualität schaffenden Wert der Muße erkannt haben, braucht es oft noch eine bewusste Entscheidung oder sogar Erlaubnis, bis wir langsam umlernen. Wir können jederzeit kurz innehalten, tief durchatmen und eine Handlung mit mehr Präsenz ausführen. Doch es braucht Zeit und Geduld, sich neu zu programmieren. Wollen wir damit erfolgreich sein, ist es hilfreich zu wissen, wofür wir uns verändern wollen. Es muss sich für uns lohnen.

Reflexion: Herausforderungen in Sachen Muße

Befragen Sie sich selbst oder beobachten Sie sich bei einer nächsten Gelegenheit. Schauen Sie in Ihre Geschichte, welche Grundeinstellungen, welche Glaubenssätze über Leistung und Arbeit in Ihnen aktiv sind.

- Fällt es mir leicht oder schwer, mir selbst Ruhe und Muße-Zeit zu nehmen?
- Mit welchen Herausforderungen sehe ich mich dabei konfrontiert?
- Neige ich zu Vergesslichkeit, wenn es um Muße-Erfahrungen geht?
- Kann ich die Gradwanderung zwischen Muße, Ablenkungen und Aktionismus erkennen?
- Wodurch habe ich mich bisher abgelenkt?
- Wann kippt der Zustand der Muße, wann werde ich unaufmerksam, schalte auf Autopilot oder werde schläfrig?
- Mit welcher Haltung lese ich Zeitung?

Erfüllung finden und das Leben genießen

> *»Die Ruhe der Seele ist ein herrliches Ding und die Freude an sich selbst.«*
> JOHANN WOLFGANG VON GOETHE

Wofür lohnt es eigentlich, sich für mehr Muße zu entscheiden? Diese Frage kann gleich mehrere Ebenen in unserem Leben berühren. Welchen Sinn hat unser Dasein? Welche Qualitäten machen unser Leben lebenswert? Und was könnte der Zustand der Muße damit zu tun haben? Vielleicht kommen wir vor lauter Geschäftigkeit kaum dazu, uns diese Fragen zu stellen. Der Alltag beschleunigt sich anscheinend unaufhaltsam. Die Tage, Monate und Jahre verfliegen. Wir kommen kaum noch mit. Zudem tauchen immer neue Herausforderungen auf: Lebenskrisen, Schmerz und Leid. Sie sind wohlbekannte Katalysatoren, die alte Vorstellungen und Konzepte zerstören und uns dazu auffordern, uns mit den aktuellen Gegebenheiten zu befassen und damit auch Raum für eine Selbstbefragung zu schaffen. Eher seltener halten wir ohne Not inne und stellen uns diese Fragen: Wo wollen wir überhaupt hin? Was ist uns wirklich wesentlich? Wie ist es um unser Glück bestellt?

Stoff zum Nachsinnen liefern die Erfahrungen einer Australierin und die Sicht vom Ende des Lebens her, die uns mehr Klarheit schenkt: Bronnie Ware arbeitete viele Jahre in der Palliativmedizin und betreute Sterbende. Ihr Buch »5 Dinge, die Sterbende am meisten bereuen«[1] berührte viele Menschen und wurde zu einem Weltbestseller. Die fünf häufigsten Aussagen:

1. Ich wünschte, ich hätte den Mut gehabt, ehrlicher zu mir selbst zu sein und nicht das Leben zu führen, das andere von mir erwarteten.
2. Ich wünschte, ich hätte nicht so viel gearbeitet.
3. Ich wünschte, ich hätte den Mut gehabt, meine Gefühle mehr auszudrücken.
4. Ich wünschte, ich wäre in Kontakt mit meinen Freunden geblieben.
5. Ich wünschte, ich hätte mir selbst mehr Glück zugestanden.

Übung: Sinnsuche

Auch Sie können sich fragen, was Sie am Ende Ihres Lebens bereuen könnten:

- Wenn ich jetzt sterben müsste, was würde ich bedauern?
- Was wäre mir wichtig, wenn ich noch einmal von vorn beginnen dürfte?
- Was könnte oder sollte ich ändern, damit ich später oder am Ende nichts bereuen muss?
- Gibt es einen Traum, den ich mir schon lange erfüllen wollte?
- Gibt es eine Aufgabe, die mich mehr erfüllen würde als das, was ich derzeit tue?

Schreiben Sie die Antworten am besten für sich auf. Denken Sie nicht zu intensiv darüber nach, sondern notieren Sie sich Stichworte. Meistens sind die wesentlichen Dinge im Leben einfach. Diese Übung kann zu wertvollen Einsichten führen, die Ihr Leben verändern.

Vielleicht ist es Ihnen leicht- oder auch schwergefallen, kurz innezuhalten und sich diese wichtigen Fragen über Ihr Leben zu stellen. Wenn wir uns mit dem beschäftigen, was uns wirklich wichtig ist und womit wir unsere Zeit verbringen wollen, wird schnell deutlich: Wir brauchen dafür Zeit, Muße-Zeit, nicht fremdbestimmte Zeit, in der wir uns Gedanken darüber machen, was wir wirklich wollen. Wir brauchen aber auch Zeit, in der wir das dann tun, was uns wichtig ist. All das erfordert Muße.

Was die Wissenschaft zur Muße sagt

Die Psychologie hat diesen Begriff bisher noch nicht definiert, sagt der Muße-Forscher Professor Stefan Schmidt. Eine Eigenschaft der Muße ist, dass sie nicht intentional herbeizuführen ist. Man kann Muße nicht einfach einschalten. Möglich ist es jedoch, mußeförderliche Bedingungen zu schaffen.[2] Seit 2013 gibt es an der Universität Freiburg den Sonderforschungsbereich »Muße. Konzepte, Räume, Figuren«, in dem eine Gruppe von Literaturwissenschaftlern, Soziologen, Ethnologen, Psychologen, Medizinern, Philosophen und Theologen vier Jahre lang interdisziplinär arbeitet. Ihre Vision ist, gesellschaftliche Freiräume der Muße neu zu eröffnen und damit offensiv an der Gestaltung des vielfältigen Wandels der globalen Wissensgesellschaft mitzuwirken.[3] Die Freiburger Forscher beschreiben Muße als einen nicht zweckgebundenen konzentrierten und schöpferischen Zustand. Dieser wird erlebt, wenn wir uns in eine Tätigkeit vertiefen und die Zeit dabei in den Hintergrund tritt. Unter anderem wurden in Teilprojekten zwei Arbeitsdefinitionen zur Muße entwickelt. Die erste besagt, dass wir in der Muße »der Herrschaft der Zeit enthoben« sind. Ein Merkmal ist also die empfundene Zeitlosigkeit in der Muße-Erfahrung. Eine weitere Arbeitsdefinition stammt von dem Philosophen Professor Günter Figal, die auch meine Erfahrungsräume bestätigt: »Muße ist erfülltes Tun in Freiheit und Gelassenheit. Das heißt, es geht um eine selbstbestimmte Motivation, eine sinnstiftende Tätigkeit, die mit einem positiven emotionalen Erleben verbunden ist.[4]

Laut einer repräsentativen Umfrage der GfK Marktforschung im Auftrag des Gesundheitsmagazins »Apotheken Umschau« gibt mehr als jeder Zweite (56,8 Prozent) an, er wünsche sich in seiner Freizeit vor allem Ruhe. Dabei sehnen sich überdurchschnittlich viele Männer und Frauen ab 40 Jahren nach Muße (40- bis 49-Jährige: 63,3 Prozent; 50- bis 59-Jährige: 63,0 Prozent; 60-bis 69-Jährige: 65,3 Prozent). Die Hälfte der Befragten gibt zu, ihnen seien aktivere Freizeitgestaltungen als beispielsweise Fernsehen, DVD- oder Videoschauen oft zu anstrengend. Fast jeder Vierte (22,9 Prozent) betont, er sei meist zu erschöpft, um mit seiner freien Zeit noch etwas »Sinnvolles« anzufangen. Es wurden 2036 Männer und Frauen ab 14 Jahre befragt.[5]

Der Kognitionswissenschaftler Andrew Smart schreibt in seinem Buch »Öfter mal auf Autopilot. Warum Nichtstun so wichtig ist«: Unser Gehirn brauche Zeiten der Muße, um normal funktionieren zu können. Chronische Geschäftigkeit könne kurzfristig die Kreativität, die Selbsterkenntnis und das emotionale Wohlbefinden zerstören und sogar das Herz-Kreislauf-System schädigen. Smart betont: »Auch wenn unser Geist für intensive Aktivitäten außerordentlich gut entwickelt ist, muss unser Gehirn, um normal funktionieren zu können, auch müßig sein – und das sogar sehr häufig.«[6] Smart empfiehlt regelmäßiges Nichtstun als Weg zu Selbsterkenntnis und Kreativität. Er befürwortet träge Nachmittage im Park und Ruhepausen auf der Couch. Es zeichnet sich ab, dass »Wahrnehmungen, Erinnerungen, Assoziationen und Gedanken wohlmöglich einen ruhenden Geist brauchen, um den Weg durch unser Gehirn zu finden und neue Verknüpfungen zu bilden.« [7]

Bereits 2001 fand der Neurowissenschaftler Marcus Raichle an der St.-Louis-Universität heraus, dass eine Gruppe von Hirnregionen beim Nichtstun aktiv wird. Probanden, die während eines Experimentes mit bildgebenden Verfahren einfach nur in den MRT-Geräten lagen und vor sich hin träumten, zeigten diese hohe Hirnaktivität. Raichle formte dafür den Begriff *default mode network* (auf Deutsch Ruhezustand-Netzwerk). Andrew Smart geht davon aus, dass dieses Ruhenetzwerk immer dann aktiv ist, wenn wir ohne Druck von außen unserem eigenen Rhythmus folgen und die Gedanken frei schweifen lassen. Wenn wir untätig sind und das Gehirn keine Aufgaben bewältigen muss, kann es sich neu ordnen. Es verarbeitet bereits Erlebtes. Laut Smart verknüpft unser Geist in Ruhephasen verstärkt Erinnerungen und Empfindungen in freien Assoziationen zu neuen Ideen.

Hirnforscher haben also festgestellt, dass unser Gehirn immer wieder Phasen des Nichtstuns braucht und ein gewisser Leerlauf im Kopf für unsere geistige Stabilität sogar geradezu unabdingbar ist. Wir können uns von den vielen Eindrücken nur erholen, wenn wir regelmäßige Pausen einlegen, einfach dösen, uns Tagträume erlauben oder meditieren. In diesen Ruhezeiten sortiert sich das Wesentliche von dem Unwesentlichen, und wir betreten den Raum jenseits des Denkens. Die Zen-Meisterin Anna Gamma nennt diese Momente der Muße »Brachzeiten«. Geben wir den Ruhe- und Muße-Zeiten, dem entspannten Nichtstun nicht genügend Gelegenheit, verlieren wir den Kontakt zu uns. Wir wissen dann nicht mehr genau, was wir wirklich wollen und lenken uns mit Aktivitäten ab.

Unser Problem ist es nicht, Höchstleistungen zu erbringen. Im Gegenteil, das Problem ist, abschalten zu können und nichts zu tun.

Das allgegenwärtige Gehetztsein ist längst ein kollektives Problem geworden, das sich aus vielen Quellen speist – technischer Fortschritt, sozialer Wandel, Globalisierung. Das Gefühl der Zeitnot ist das Charakteristikum der modernen Beschleunigungsgesellschaft, die wir alle gemeinsam am Laufen halten.

Muße und Muse

Muße ist Zeit, die wir nach eigenem Wunsch nutzen können. Sie wird von der Literaturwissenschaftlerin Gisela Dischner, die sich seit mehr als dreißig Jahren mit der »Theorie des Müßiggangs« befasst, als »freie bewusste Tätigkeit« verstanden. Sie ist »heitere, spielerische Gelassenheit und vollzieht sich in einem Spannungsfeld zwischen Konzentration und Entspannung«.[8]

Die Muse hingegen kommt aus dem Griechischen und ist der Name für die Schutzgöttinnen der Künste. Wir kennen die Redewendung »von der Muse geküsst werden«. Die Muse steht somit bis heute für künstlerische Inspiration. Obwohl die Wörter »Muße« und »Muse« keine gemeinsame Herkunft haben, wirken sie aufeinander. Ohne Muße dürfte es keine Kunst geben, denn für den »Musenkuss«, die Inspiration, brauchen Künstler diese besondere Gemütsverfassung.

Was macht wirklich frei?

Für mich wurde die Freundschaft mit Adrian zu einem weiteren wichtigen Meilenstein bei der Erforschung der Muße und ihrer Gesetzmäßigkeiten. Seine Form der Muße war fest im Alltag verankert. Ich genoss seine Gegenwart und seine besonnene Art. Er zeigte eine liebevolle Haltung jedem Menschen gegenüber und gab mir immer das Gefühl, völlig in Ordnung zu sein, so wie ich war. Das war besonders. Er kritisierte weder mich noch andere und war durch und durch wertschätzend eingestellt. Als wir einmal in einem gut gefüllten Restaurant eine Bestellung aufgeben wollten, lächelte er den etwas teilnahmslosen und gehetzten Kellner in seiner freundlichen Seelenruhe an. Er legte die Speisekarte zur Seite und fragte den Kellner, was sein Lieblingsgericht auf der Karte sei. Der Kellner schaute irritiert und sagte, das sei doch nicht wichtig, und wurde noch ungeduldiger. Doch Adrian schaute ihn weiter lächelnd an und beharrte ruhig darauf, dem Kellner zu entlocken, was dieser gern mochte, und genau dieses Gericht bestellte Adrian. Ich war über sein Verhalten etwas verwundert, und er riet mir einfach nur zu beobachten, was weiter geschah. Der Kellner wurde viel entspannter. Ich sah, wie er auch an anderen Tischen weniger gehetzt und nicht mehr so unfreundlich agierte. Adrian dankte ihm für den hervorragenden Tipp und bekräftigte, dass es ihm sehr gut geschmeckt hatte. Ich fragte nach: »Hat es dir wirklich so gut geschmeckt, Adrian?« Er antwortete: »Das ist doch gar nicht wichtig. Schau doch nur, wie der Kellner nun lächelt und mit viel mehr Elan bei der Arbeit ist.«

Es ist tatsächlich beeindruckend, wie sich Stimmungen ändern können, wenn ein Mensch mit entspannter und freundlicher Haltung auf andere zugeht. Dieses Phänomen konnte ich im Zusammensein mit Adrian sehr oft und in verschiedenen Situationen erleben. Es beeindruckte mich, und ich wollte erfahren, wie er zu dieser positiven, liebenden Haltung gekommen war, obwohl er doch so viele schmerzhafte Ereignisse erlebt hatte. Er schenkte mir einen selbstgeschriebenen Text, der mich seitdem begleitet:

Mach dich frei

Mach dich frei von der Abhängigkeit von der Vergangenheit. Gefühle von Stolz, Schuld und Trauer sind wie Blei an deinen Füßen.

Mach dich frei von der Haftung an Besitz. Du nimmst dir sonst deine Handlungsfähigkeit.

Mach dich frei von deinem Bedürfnis nach Macht. Macht und Liebe ertragen einander nicht.

Mach dich frei von der Abhängigkeit von allem, was Lust

ist. Die dir dann geschenkten Freuden sind unendlich schöner als die von dir gesuchten.
Mach dich frei von der Haftung an allem Wissen. Deine Schritte enden sonst bei deiner Wahrheit.
Mach dich frei von der Abhängigkeit von deinen Meinungen. Deiner Liebe sind sonst tausend Grenzen gesetzt.
Mach dich frei von der Abhängigkeit von Unterhaltung. Das Sich-Entspannen ohne gesuchte Reize von außen ist viel schöner und wertvoller.
Mach dich frei von der Abhängigkeit von deinen Tugenden, Fähigkeiten und Kräften. Es ist die Falle, die den ganzen Weg umsonst macht.
Und schließlich, mach dich frei von der Abhängigkeit von Form und Eigenschaften. Gott hat keine Form und keine Eigenschaften.
Gebrauche inzwischen ganz bewusst in Freiheit und in Liebe deine Erfahrungen, deinen Besitz, deine Lust, dein Wissen, deine Wertschätzung, deine Tugenden, Fähigkeiten und Kräfte in dieser Welt von Formen und Eigenschaften als Sprossen deiner sich mehr und mehr verflüchtigenden Leiter.

Dieser Text lieferte uns weiteren interessanten Gesprächsstoff, und ich begann zu verstehen, warum Adrian so ein besonderer Mensch war. Für ihn war innere Freiheit zum Lebensziel geworden. Immer wieder hatte er durch Schicksalsschläge das verloren, was er liebte und was ihm wichtig war. Doch er resignierte nicht und erlebte das Loslassen schließlich als Segen, als eine Befreiung von Anhaftungen und inneren Zwängen auf allen Ebenen.

Das Erlangen von innerer Freiheit berührte in mir eine ähnliche Dimension, wie ich sie von dem gelassenen Loslassen meiner Mutter beim Sterben kannte. Diese beiden prägenden Stationen in meinem Leben ließen mich erahnen, in welcher Wechselwirkung mußevolle Zustände mit Gelassenheit und Freiheit stehen. Obwohl mir der Zusammenhang immer klarer wurde, gelang es mir nach meinem Geschmack selbst viel zu selten loszulassen, Schritte auf dem Weg in die innere Freiheit zu gehen und auch mußevolle Zustände zu erleben.

Muße und innere Freiheit

Von der Freiheit als hohem menschlichem Gut sprechen viele. Äußere Freiheit wird als eine soziale Größe verstanden und umfasst rechtliche, soziale und politische Umstände. Innere Freiheit beschreibt den Zustand, in dem ein Mensch sein eigenes »inneres« Potenzial, seine Gaben, Möglichkeiten und Anlagen nutzt. Die Potenzialentwicklung ist ein Prozess. Der Mensch erkennt und löst sich von Abhängigkeiten, inneren Zwängen wie Gewohnheiten, Rollenmustern, Trieben, Erwartungen, Moralvorstellungen, Konventionen und Ähnlichem. Er gewinnt an Souveränität, entwickelt Unterscheidungsvermögen und kann immer besser erkennen, was ihm guttut und was nicht. Die Haltung der Muße hat einen entscheidenden Einfluss auf diesen inneren Entwicklungsprozess. Denn ohne Muße, ohne Innehalten, ohne Zeit und unter Druck können wir unser volles Potenzial nicht entfalten. Wie Krishnamurti sagt: »Freiheit ist ein Zustand des Geistes – nicht die Freiheit von etwas.«

Reflexion: Potenzial entfalten

Sehnen Sie sich auch manchmal danach, Ihr Potenzial zu entfalten, sich von Gewohnheiten, Abhängigkeiten und Zwängen zu befreien? Verspüren Sie den Wunsch, aus der inneren Mitte heraus zu leben, gelassen und in sich ruhend durchs Leben zu gehen? Dann geht es Ihnen wie den meisten von uns. Begeben Sie sich auf die Suche:

- Was kann mir helfen, mein Potenzial zu entfalten?
- Was tu ich schon jetzt dafür? Was kann ich noch verstärken?

Wenn Muße-Oasen nicht ausreichen

Inzwischen hatte ich mein Studium beendet, und die ersten vier Berufsjahre vergingen wie im Fluge. Ich machte schnell »Karriere«, wurde zunächst Assistentin der Geschäftsführung und erhielt schon bald das Angebot, eine kleine Designagentur mit sieben Mitarbeitern als Geschäftsführende Gesellschafterin zu leiten. Das war eine willkommene Gelegenheit, mehr Verantwortung zu tragen, was mich sehr ausfüllte. Die praktische Arbeit bereitete mir Freude, aber sie strengte auch an. Wieder hatte ich zu wenig Zeit für Muße.

Kleine Muße-Oasen allerdings erhielt ich mir durch die nunmehr vierzehntägigen Zusammenkünfte mit Adrian. Manchmal gelang es mir, auch am Wochenende zwei Stunden ganz für mich zu reservieren und nichts zu planen. Doch das fühlte sich etwas erzwungen an, und selten gelang es mir, mich dann wirklich zu entspannen und die freie Zeit auch zu genießen.

Ich stand bald kurz vor meinem dreißigsten Geburtstag, meine langjährige Beziehung war auseinandergegangen und ein Investor wollte die Agentur übernehmen. Das war ein guter Zeitpunkt, um Bilanz zu ziehen und nachzuspüren, was meine nächsten Schritte sein könnten.

Mir wurde bewusst, wie getrieben ich war und wie sehr ich mich im Tatendrang verloren hatte. Damit verbunden war ein gewisser perfektionistischer Anspruch, der mich immer wieder streng und fordernd mit mir selbst werden ließ. Dadurch erlebte ich genau das Gegenteil von Muße: Ich fühlte mich angespannt, getrieben und nicht wirklich zufrieden. Inzwischen konnte ich gut erkennen, woher diese hemmenden Prägungen und Gewohnheiten kamen. Mein Wunsch, mich davon zu befreien und gelassener zu werden, war offensichtlich nicht so einfach »nebenbei« umzusetzen. Es ging mir alles einfach zu langsam! Ich sah meine kostbare Lebenszeit verstreichen. Was wäre, wenn ich auch nur neununddreißig Jahre alt werden würde, so wie meine Mutter? Dann hätte ich jetzt noch knapp zehn Jahre, um wirklich mehr im Jetzt anzukommen und die Erfüllung zu finden, von der ich doch so angezogen war. So keimte in mir der große Wunsch auf, alles hinter mir zu lassen und mich in eine Auszeit zu begeben.

Muße und Auszeit

Fast jeder zweite Deutsche würde gern eine Auszeit vom Job nehmen. 43 Prozent träumen von solch einem Sabbatical, wie aus einer Umfrage eines Meinungsforschungsinstituts hervorgeht. Knapp ein Drittel der Befragten könnte sich sogar ein komplettes Sabbatjahr vorstellen, etwas weniger als die Hälfte würden gern zwischen drei und sechs Monaten vom Job pausieren. Ganz vorn liegen die Wünsche, zu reisen und mehr Zeit für sich zu haben. Ursprünglich bezeichnete das Sabbatjahr in der Bibel ein Ruhejahr für das Ackerland. Nach sechs Jahren der Bewirtschaftung wurde demnach ein Jahr Pause eingelegt. Das Sabbatjahr wird seit längerer Zeit analog zum Begriff Sabbatical benutzt. Die persönlichen Gründe, eine Auszeit zu wagen, können sehr vielschichtig sein. Manche Menschen möchten einfach für eine Weile aus dem Alltagstrott aussteigen. Für andere ist es eine wichtige und dringende Pause, weil der Körper oder die psychische Verfassung zu einem Stopp aufgerufen haben. Bei einigen steht die große Frage mit Mittelpunkt:

»Was ist meine Vision im Leben?« oder »Welchen Sinn möchte ich jetzt meinem Leben und Wirken geben?«

Mit diesen Auszeiten ist in der Regel der Wunsch verbunden, Abstand vom Alltag zu gewinnen, um wieder mit sich selbst in Kontakt zu kommen. Man will alle Verpflichtungen hinter sich lassen, etwas von der Welt sehen oder einem lang gehegten Wunsch endlich nachgehen. Eine Auszeit kann genutzt werden, um sich zu besinnen, um kreativ und inspiriert Neues für das Leben und die Arbeit zu schöpfen. Eine Auszeit schafft den idealen zeitlichen Freiraum für die Muße. Sie ist eine Chance zum Innehalten und kann eine tiefe und gleichermaßen erholsame und nachhaltige Reise zu uns selbst werden.

Reflexion: Wünsche ich mir eine Auszeit?

Vielleicht hegen Sie den Wunsch nach einer Auszeit. Erlauben Sie sich eine kurze Reflexion darüber, am besten schriftlich. Auch wenn es für Sie im Moment praktisch noch nicht machbar erscheint und in weiter Ferne liegt, zum Beispiel wenn die Kinder groß sind, das Haus abbezahlt, wenn die Lebensversicherung ausgezahlt ist. Wenn ein leiser Wunsch vorhanden ist, können Sie folgende Fragen dabei unterstützen, sich mit diesem inneren Anliegen vertraut zu machen und ihm etwas Aufmerksamkeit zu schenken. Wenn Sie keinen Impuls dazu haben, können Sie diese Fragen einfach überspringen.

- Habe ich den klaren oder schwelenden Wunsch nach einer längeren, unverplanten Zeit?
- Was ist mein Hauptanliegen? Was würde ich entdecken wollen?
- Wie lange sollte die Auszeit mindestens dauern, wie lange dürfte sie maximal sein?

- Wäre eine Auszeit eine passende Gelegenheit für mich, mehr mit dem Jetzt in Kontakt zu treten?
- Welche Vor- und Nachteile sehe ich für mein Umfeld, für die Familie und Freunde? Was wäre der Gewinn, was würde mir fehlen?
- Würde ich Unterstützung von der Familie und den Freunden erhalten?
- Verfüge ich über ein finanzielles Polster, um eine Auszeit zu überbrücken?
- Bietet mein Arbeitgeber ein Arbeitszeitmodell für Sabbaticals an?

Nach reiflicher Überlegung und dem Abwägen der praktischen Fragen kam ich zu dem Ergebnis, mir eine dreimonatige Auszeit zu gönnen und dann weiterzusehen. Meine Gründe waren klar: Ich wollte tiefer zu mir selbst finden, mich besinnen und erholen. Ich wollte erleben, wie es ist, keine Termine und Verpflichtungen zu haben.

Zunächst plante ich, mit einer Freundin gemeinsam nach Thailand zu reisen. Sie war schon mal dort gewesen und hatte einige Kontakte. Doch sechs Wochen vor Abflug sagte sie ab, weil sie ein tolles Jobangebot erhalten hatte. Ich überlegte neu, was ich jetzt allein machen sollte. Ein Bekannter hatte mir von Indien erzählt und gab mir die Kontaktadresse eines Deutschen in Goa, der mir vor Ort ein Zimmer zum entspannten Ankommen besorgen konnte. Dann ging alles sehr schnell, und ich buchte kurzerhand einen Flug nach Goa.

Ich wollte unbedingt ganz leicht reisen. So packte ich nur einen kleineren Rucksack mit den nötigsten leichten Kleidungsstücken, einer Grundausstattung von Reisemedikamenten und Pflegeartikeln. Insgesamt wog mein Gepäck nur zwölf Kilo. Und so fühlte ich mich auch: erleichtert und mit ganz wenig Ballast. Die Reise konnte losgehen.

Endlich Müßiggang

Bis auf meine erste Kontaktadresse in Goa hatte ich keine festen Pläne in Indien. Ich wollte alles auf mich zukommen lassen. Zeit schien plötzlich eine ganz andere Dimension zu haben. Drei Monate fast unverplante Zeit vor mir zu haben, das fand ich großartig, und gleichzeitig empfand ich auch Respekt davor. Denn ich war zum ersten Mal ganz allein in einem kulturell so andersartigen Land unterwegs. Außerdem war ich zuvor noch nie länger als vier Wochen von meiner eineiigen Zwillingsschwester getrennt gewesen.

Die Abenteuerlust überwog, und ich kam freudig am Flughafen in Goa an. Ein Taxi fuhr mich zu meiner Ankunftsadresse in einem kleinen Dorf direkt am Meer, ganz im Norden von Goa. Ich hatte das Gefühl, in einem der letzten kleinen Paradiese angekommen zu sein. Hier herrschte noch ein beschauliches Dorfleben, und es gab einen breiten und langen weißen Sandstrand, der von Palmen gesäumt war. Um zu meiner Unterkunft zu gelangen, folgte ich einem staubigen, schmalen Fußweg in Richtung eines Süßwassersees. Dort standen vereinzelt kleine, ganz einfache Gästeunterkünfte. Dazwischen gab es Restaurants und Cafés. Endlich war ich angekommen. Meine Kontaktperson nahm mich herzlich in Empfang. Martin hatte für mich ein kleines Häuschen direkt am Meer reserviert, bestehend aus einem Zimmer und einem Balkon mit Hängematte. Er meinte, ich könne dort so lange bleiben, wie ich möchte. Die Inder seien da ganz entspannt, es gäbe keine Pläne oder Buchungen, wie wir das in Deutschland kennen. Ich sah mich um und war von der einfachen Schönheit dieses abgelegenen Ortes erfasst. Ich war mir sicher: Hier würde ich ganz zur Ruhe kommen. Ein Ort, wie geschaffen für ein wirkliches Innehalten und Innewerden, für Besinnung und für einen Neuanfang.

Ich blieb ganze vier Wochen an diesem zauberhaften Platz. Ich frönte dem Nichtstun. Meine Uhr war stehen geblieben und in diesem Dorf war auch nicht daran zu denken, Ersatzbatterien zu bekommen. Martin hatte mir ohnehin geraten, mich lieber am Sonnenstand zu orientieren. Wir verabredeten uns jeden Tag zur stillen Sonnenaufgangsmeditation an einem kleinen Tempel auf einer Anhöhe mit einen traumhaften Blick über den langen Strand und das Meer. Tagsüber verbrachte ich stundenlang in der Hängematte und lauschte einfach dem Wind und dem plätschernden Wasser direkt unter mir. Manchmal kam Martin mit einem Buch vorbei, setzte sich zu mir auf den Balkon, schaukelte meine Hängematte an und las mir in Seelenruhe etwas vor, bis die Dämmerung hereinbrach. Ich fühlte mich wie im Himmel. Ich durfte einfach nur genießen und seiner melodischen Stimme lauschen.

Eines Abends telefonierte ich mit meiner Schwester. Sie fragte mich, was ich denn den ganzen Tag machen würde. Ich lachte und sagte: »Eigentlich nichts.« Ich beschrieb ihr den übersichtlichen Tagesablauf, die Meditation am Morgen, das Lesen in der Hängematte und das einfache Leben ohne fließendes Wasser. Meine Schwester schien überrascht zu sein und fragte mich, ob das nicht auf Dauer langweilig wäre. Eine Woche wäre ja noch okay, aber dann? Sie konnte sich kaum vorstellen, dass ich diesen Müßiggang so genießen konnte.

Muße und Müßiggang

Müßiggang ist das bewusste Aufsuchen der Muße, um zu genießen und sich mit dem Freien, Schönen und Vergnüglichen zu beschäftigen. Gern bezeichnen wir das als »Faulheit«, weil es (zunächst) nicht produktiv ist. Das greift aber zu kurz. Voraussetzung für Faulheit ist die mangelnde Motivation, bestimmte Tätigkeiten durchzuführen. Damit beruht dieses Missverständnis auf unserer kulturellen Interpretation von Handlungen und Aktionen. Auch deshalb hat das Wort »Müßiggang« einen schweren Stand in unserer Leistungsgesellschaft. Es wird immer wieder mit Faulheit assoziiert. Das liegt an der Dominanz unseres Arbeitsethos, das den Müßiggang noch immer als Wurzel allen Übels verunglimpft. Die Verwechslung von Muße mit Faulheit und Trägheit hat Professor Viola Vahrson in ihrem Buch »Faulheit« sehr schön auf den Punkt gebracht: »Ist die Faulheit mit Trägheit verschwistert, so Muße mit Munterkeit. Sie äußert sich in Bewegungsfreude, Forschungsdrang, Kunstschaffen.«[9]

Müßiggang kann übrigens tatsächlich auch Nichtstun bedeuten. Aber wer hat das wirklich schon versucht? Gar nichts zu tun?

Die Sinne öffnen sich

Das sehr einfache, luxusfreie Leben in Goa brachte mich mit der Natur, mit dem natürlichen Rhythmus und den Elementen so intensiv in Verbindung wie noch nie zuvor. Ich ließ mich durch den Tag treiben, verbrachte viel Zeit dösend und lesend in der Hängematte und fühlte mich ungeheuer entspannt. Meine Sinne blühten auf. Ich begann, meinen Körper neu zu entdecken und alles feiner wahrzunehmen. Ich lauschte dem Rauschen des Meeres und stellte fest, dass dies nicht nur mit dem Hören geschah, sondern mit dem ganzen Körper. Ich entdeckte die heilende Wärme der Sonne und das Tanzen der Zellen, wenn die frische Kühle des Meeres die Haut berührte. Meine Nase wurde feiner und nahm die indischen Düfte, den Geruch der Erde und den feinen Salzgeschmack in der Luft wahr. Ich begann, viel barfuß zu laufen. Eigentlich war es an manchen Stellen zu staubig und schmutzig, oder es lagen spitze Steine auf dem Weg. Doch ich ging langsamer, spürte, wie ich mehr Vertrauen in jeden Schritt fasste. Das Denken spielte sich mehr im Hintergrund ab, und der Körper entfaltete seine Bewusstheit. Ich staunte darüber und ließ es freudig geschehen. Insgesamt begann ich, die ursprüngliche Schönheit in allem immer deutlicher wahrzunehmen. An dem kleinen Brunnen, an dem ich morgens meine Zähne putzte, lebten Frösche, die ganz zutraulich waren. Ich sah zum ersten Mal in großer Deutlichkeit, wie verschmutztes Wasser den Lebensraum dieser Frösche zerstören würde – und mein Herz weitete sich. Der filigrane ökologische Kreislauf, den ich zu Hause gar nicht in dieser Deutlichkeit gesehen hatte, wurde nun im Kleinen hier sichtbar. Das berührte mich tief, und ich begann sorgsamer zu sein. Als ich mich besinnlich an eine Palme anlehnte, spürte ich deren Lebendigkeit und Belebtheit extrem stark. Zuerst dachte ich, ich sei verrückt. Doch das war es nicht, meine Sinne waren einfach viel offener, mein Herz weicher geworden. Ohne die Muße und das Innehalten hätte ich das alles wohl nicht so intensiv erleben können.

Ich lernte: Wenn wir uns Zeit gönnen und zur Ruhe kommen, dann wird auch wieder tiefe Begegnung möglich. Nicht nur mit uns selbst und der Natur, sondern auch mit anderen Menschen. Normalerweise ist unsere Aufmerksamkeit im Trubel der vielschichtigen Geschehnisse des Tages zerstreut. In der Ruhe sammelt sie sich wieder. Unsere Sinnesempfindung wird intensiver, und wir haben auch wieder freie Kapazität für das Geschehen um uns herum. In der Begegnung mit anderen wird es möglich, ungeteilte Aufmerksamkeit zu verschenken. Das merkt man beim Zuhören und in der Qualität des reflektierten Sprechens. Und aus einer mußevollen Haltung heraus entwickelt sich die Fähigkeit, unterschiedliche Sichtweisen einzunehmen, das macht flexibler und verbindet.

Vertrautheit und Verbundenheit erfahren

In der Begegnung mit Martin offenbarten sich mir weitere Einsichten, die mich sehr bewegten. Martin war ein charismatischer Mann, ein sehr eloquenter Gesprächspartner, dreizehn Jahre älter als ich, von Beruf Psychologe und Therapeut mit eigenem Institut. Ich schätzte seinen erfahrenen, professionellen Blick auf psychologische Prozesse und vor allem seine große Ruhe und Gelassenheit. Er war ein sehr aufmerksamer Zuhörer, und ich erzählte ihm von meiner behüteten Kindheit und wie sich alles durch die Krankheit meiner Mutter geändert hatte. Beim Erzählen wurde mir noch stärker bewusst, wie nachhaltig mich ihr Umgang mit dem Sterben motiviert hatte, selbst dem Wesentlichen folgen zu wollen. Aber ich merkte zugleich, wie schwer es mir fiel, das im Alltag nicht zu vergessen. Ich sprach mit Martin auch über meinen alten Freund Adrian, der mir einen mußevollen Alltag vorlebte und die Sehnsucht nach innerer Freiheit in mir noch stärker zum Vorschein gebracht hatte.

Auch Martin sprach von seinem Weg. Besonders berührend fand ich seine Erzählungen über seine Aufenthalte in einem Zen-Buddhistischen Kloster. Ähnlich wie ich war er durch seine persönliche Lebensgeschichte sehr inspiriert, »inneren Frieden« zu finden. Wir stellten fest, wie beglückend es ist, diesen Wunsch zu teilen. So entwickelte sich eine immer stärker werdende seelische Nähe und feine Vertrautheit zwischen uns.

Durch meine Erzählungen sah ich mein bisheriges Leben wie ausgebreitet vor mir liegen. Mir wurde mit dem Abstand von zu Hause und der bereits gefundenen Entspanntheit deutlicher, was in mir Heilung, Zustimmung und Einverstanden-Sein brauchte und was geklärt, integriert werden musste, damit ich meine persönliche Mitte finde. Vieles klärte sich in mir durch das aufrichtige Aussprechen sowie Martins aufmerksames Zuhören und sein präzises Nachfragen. Innerlich wurde es ruhiger, ich lernte mich mehr zu akzeptieren, wie ich war, und fühlte mich gesehen und angenommen.

Martin und ich waren sehr voneinander angezogen – wir wurden ein Liebespaar. Nun zeigten sich noch weitere wunderbare Aspekte der Muße im Miteinander, auch in der Lust und Intimität. Und diese Erkenntnisse waren eine echte Offenbarung für mich, die ich folgendermaßen zusammenfassen möchte.

Muße, Lust und Intimität

Wenn wir uns verlieben, uns zu jemandem hingezogen fühlen, entsteht meist ganz natürlich der sinnliche Drang nach Nähe und Berührung. Kommen wir uns näher, entfaltet sich eine immer stärker werdende sinnliche Lust, und es entsteht eine sexuelle Spannung, die sich entladen will. Schauen wir genauer hin, sind die meisten Menschen in der Lust eher angespannt, verspannt und zielorientiert. Sie sind getrieben und streben nach entladenden Höhepunkten. Daran ist auch nichts verkehrt, doch wo bleibt der mußevolle Genuss? Wenn alles gut läuft, erleben wir Momente von Erfüllung und Entspannung nach dem Akt. Leider erst dann. Das Ausleben der zielorientierten Sexualität ist weit verbreitet, sie entspricht unserer aktuellen gesellschaftlichen Prägung. Ähnlich wie im Alltag haben wir auch in der Sexualität nicht gelernt innezuhalten. Dadurch wird die Chance gering, die Fülle der Gegenwart wahrzunehmen, uns selbst und auch das Gegenüber zu spüren. Wirkliche Intimität ist so kaum möglich. So läuft die sexuelle Vereinigung bei den meisten Paaren normalerweise alles andere als bewusst ab und dient vor allem der körperlichen Befriedigung. Egal ob One-Night-Stands oder langjährige Beziehungen: Beide leiden oft an einem Mangel an Intimität im sexuellen Beisammensein.

Bringen wir eine Haltung der Muße in die Lust, verändert sich alles. Es gibt eine Art und Weise, Sex zu haben, die entspannt, die langsam, empfindsam und leicht ist. Sie führt zu tieferer Befriedigung und zu einem glücklicheren Liebesleben. Dieser mußevolle Ansatz bringt den dringend benötigten Ausgleich zur verbreiteten Vorstellung, Sex müsse »heiß« sein, um guter Sex zu sein.

Für viele ist es nicht leicht, aus solchen eingefahrenen Mustern herauszutreten. In asiatischen Philosophien und auch im Westen findet man Methoden, etwa tantrische Rituale, den taoistischen Tal-Orgasmus oder die Kunst des Karezza (Liebkosung) mit entsprechenden Anleitungen. Allen ist gemeinsam, dass sich das Paar Zeit für die Liebe nimmt. Die sich aufbauende sexuelle Spannung wird nicht in einem Orgasmus entladen, sondern darf zwischen den Partnern fließen und das Herz berühren. In dieser entspannten Verbindung können die Partner eine lange Zeit verbleiben, sie spüren und genießen die strömenden Energien, die schlussendlich in einer körperlichen und geistigen Verschmelzung und dem Gefühl des Einsseins gipfeln können. Wenn wir den Müßiggang in die Intimität bringen, hebt sich die Zielorientierung auf. Im Genuss schwelgen und Flow erleben wird so möglich.

Reflexion: Wie steht es um meinen Genuss?

Erforschen Sie Ihr sinnliches Erleben, Ihre Sexualität:

- Wie sinnlich nehme ich meine Welt wahr?
- Wie genieße ich und wobei?
- Wann kann ich ungeteilte Aufmerksamkeit schenken?
- Welchen Gesichtsausdruck habe ich, hat mein Partner während des Liebesakts? Eher angespannt oder entspannt?

Animieren Sie Ihren Partner / Ihre Partnerin, zwischendurch innezuhalten, lächeln Sie sich zu. Ein Lächeln wirkt sich auf den ganzen Körper augenblicklich entspannend aus.

Zauberhaftes Indien

Der Müßiggang unter Indiens Sonne schenkte mir immer mehr innere Gelassenheit. Ich hatte keinen Zeitdruck und konnte mich dem Jetzt, dem gegenwärtigen Erleben ganz hingeben. Das führte mich in einen Flow, der sich einfach beglückend anfühlte. Die Tage vergingen, und ich genoss jeden Augenblick. Ich tat nichts Nützliches, nichts Produktives, und doch hatte das mit Faulheit nichts zu tun. Im Gegenteil – ich entspannte mich und fühlte mich erfüllt. Das innere Getriebensein, ein »Müssen« gab es in dieser Zeit nicht. Ich fühlte mich so frei wie nie zuvor in meinem Leben.

Martin flog wieder nach Deutschland, und es lagen noch zwei weitere Monate Auszeit vor mir. Immer noch hatte ich wenig konkrete Pläne für die weitere Reise. Natürlich wollte ich noch mehr von dem Land sehen als Arambol, den legendären Goa Fleamarket und die kleinen Dörfer an der Küste, die ich bereits kannte.

Ich fuhr zum Busbahnhof, orientierte mich ein wenig und traf auf andere alleinreisende Frauen. Einige wollten ins Landesinnere und schwärmten von den alten Tempeln und der schönen Landschaft am Fluss. Ich folgte meinem ersten Impuls und beschloss, ebenfalls in diese Richtung zu fahren. Nach einer sehr abenteuerlichen Nachtfahrt kam ich in Hampi an. Ganz gegen meine alten Gewohnheiten hatte ich auch hier noch nichts geplant, weder eine Übernachtung noch die Länge meines Aufenthaltes. Ich war entschlossen, mich weiter ganz entspannt auf das Geschehen einzulassen und meinen Impulsen zu folgen. So landete ich in einem einfachen Gästehaus und traf auch gleich eine Frau aus dem Bus wieder. In Hampi vergingen die Tage wie im Flug. Ich besichtigte zwar ein paar Tempel, aber bei achtunddreißig Grad Celsius war es mir einfach zu heiß. Busse mit Touristen wurden durch die Gluthitze von einem Tempelbereich zum anderen gefahren. Ich schaute mir das Treiben an und war sehr froh, mein eigenes Tempo wählen zu können. In meinem Gästehaus kamen immer wieder neue Reisende an, die lebendig von ihren Erlebnissen erzählten. Zwei junge Frauen berichteten mir mit glänzenden Augen von einem Ashram in Puttaparthi. Dort lebte der weltweit bekannte indische Guru Sai Baba. Mein Freund und Mentor Adrian kannte Sai Baba durch einen Indien-Aufenthalt Ende der Siebzigerjahre. Meine Neugier war geweckt und obwohl sein Ashram zwei Tage mit dem Bus entfernt war, machte ich mich schon am nächsten Morgen auf den Weg.

Im Bus neben mir saß ein zahnloser älterer Inder mit einem Hüftproblem. Er vermittelte mir in gebrochenem Englisch, auf dem Weg in Sai Babas Krankenhaus zu sein, um dort völlig kostenlos behandelt zu werden. Puttarparthi wirkte wohlhabend, überall waren Plakate und große Fahnen mit Sai Babas Bild und seinen Zitaten auf Hindi und Englisch zu sehen. In der Stadt schien sich alles um diesen Guru zu drehen. Der Ashram war genauso beeindruckend. Es gab einen Eingang mit großem Tor und ein riesiges Areal mit mehrstöckigen Gebäuden, die sich auf dem weitläufigen Gelände verteilten. Im Ashram hielten sich etwa dreitausend Frauen und noch mal so viele Männer auf, die streng voneinander getrennt in verschiedenen Bereichen lebten. Alle waren weiß gekleidet, mit langen Hosen und langärmeligen Oberteilen aus weißer leichter Baumwolle. Im Vergleich zum allgegenwärtigen indischen Chaos herrschten auf dem Ashram-Gelände Ruhe und eine erstaunliche Ordnung. Die Unterbringung im Ashram und auch die Begegnungen mit Sai Baba schienen dem »Zufall« beziehungsweise einer tieferen Fügung zu unterliegen. Die neuen Besucher wurden aufgefordert, alle Vorstellungen loszulassen und sich vertrauensvoll auf die Ereignisse einzulassen. Zum Glück fühlte ich mich damit schon etwas vertraut. Beim Empfang wurde gelost, und ich erhielt einen Schlafplatz in einem der wenigen Doppelzimmer. Die meisten Besucherinnen landeten in großen Schlafsälen mit mehr als Hundert Frauen aus aller Welt.

Am nächsten Morgen ging es zum Darshanplatz, dem Gebetstempel. Indische Helferinnen ordneten und strukturierten die Menschenmassen. Wir warteten in Reihen sitzend, und die erste Frau der Reihe zog wieder ein Los mit einer Nummer. Je kleiner die Zahl, umso weiter vorn durfte sich die ganze Reihe in den Tempel auf dem Boden setzen und hatte das Privileg, Sai Baba ganz aus der Nähe zu erleben.

Auch hier hatte ich großes Glück: Meine Reihe durfte einmal als Nummer zwei und einmal als Nummer vier zum Darshanplatz kommen, ich war also ganz dicht dran. Sai Baba segnete einige Leute mit heiliger Asche, und auch ich wurde mit dieser grau glänzenden Asche (Vibhuti) bestäubt, die er anscheinend aus seinen Fingerspitzen zauberte. Er stand so dicht vor mir, dass ich seine Hände genau sehen konnte. Die Asche rieselte direkt aus seinen Fingern. Sai Baba war bekannt für seine »übernatürlichen« Kräfte, und ich sah es mit eigenen Augen. Das konnte kein Zaubertrick sein. Trotzdem war ich skeptisch. Schließlich war ich kein »gläubiger« Mensch und bis dahin gar nicht anfällig für Gurus, Glaubenssysteme oder Ähnliches. Doch irgendetwas Unbeschreibliches geschah in dieser Woche im Ashram mit mir. Zu jedem Darshan hielten dem Guru mehrere Hundert Menschen aus den ersten Reihen Briefe hin. Er nahm jeden Tag nur etwa dreißig hingestreckte Briefe an. Es hieß, dass Sai Baba den Inhalt der Briefe kenne und nur diejenigen annahm, deren Inhalt wahrhaftig war, was eine Bestätigung für den Absender sein sollte. Auch ich hatte einen Brief geschrieben. Alles, was mir wichtig war, schrieb ich hinein. Ich schrieb über meinen Wunsch nach Gelassenheit, über inneren Frieden und Freiheit. Ja, genau das wünschte ich mir für mein Leben. Eigentlich war mir auch dieses Ritual suspekt, nachdem ich schon nichts mit Beichte und Segen in der katholischen Kirche anfangen konnte. Doch ich war nun in Indien bereit, dieses befremdliche Segnungsritual mitzumachen. Als ich dann tatsächlich so weit vorn sitzen durfte, fühlte ich mich völlig überwältigt, als Sai Baba bei diesen Menschenmassen ausgerechnet meinen Brief annahm. Ich begann für einen Moment hysterisch zu kichern, und gleichzeitig stiegen mir Tränen der Freude in die Augen. So etwas war mir auch noch nie passiert. Danach fühlte ich mich ungeheuer selig.

In der Nacht träumte ich sehr plastisch von Sai Baba. Dabei kam er auf mich zu und sagte: »Dein Glaube ist nun gestärkt, du brauchst nicht mehr hier zu sein. Vertraue in die Kraft des Guten.« Als ich am nächsten Morgen aufwachte, fühlte ich mich leicht, vergnügt und gleichzeitig sehr klar. Baba hatte recht, ich hatte hier etwas Besonderes erlebt, und nun konnte ich weiterziehen. Am nächsten Tag setzte ich meine Reise fort.

Indien verzauberte mich immer mehr. Im Land schien es eine tief in der Gesellschaft verankerte Spiritualität zu geben. Überall begegnete ich Sadhus, heiligen Männern, die asketisch in Höhlen oder in der Nähe von Tempeln lebten. Es hieß, dass sie inneren Frieden suchten und viele ihn auch gefunden hatten. Die Einheimischen versorgten diese reisenden Wahrheitssucher, teilten mit ihnen das Wenige, was sie selbst zum Leben hatten. Die Frauen strahlten in ihren wunderschönen bunten Saris Anmut und Würde aus, und die Kinder waren freundlich und neugierig. Sogar die Bettler bettelten mit strahlenden Augen. Insgesamt schienen die Menschen trotz Armut viel glücklicher zu sein als der Durchschnitt in meiner wohlhabenden Heimat. Überall wo ich hinkam, gab es Gelegenheiten, das spirituelle Leben kennenzulernen. Ich nahm an Meditationen teil, ging in Tempel und besuchte weitere Ashrams. Während der weiteren Reise durch Indien fühlte ich mich nicht nur sehr gelassen, sondern auch in mir geborgen. Das Leben fühlte sich wie geführt an. Ich brauchte mich nur einzulassen, offen zu sein, und schon entstanden immer wieder wundervolle Momente und herzliche Begegnungen mit Einheimischen und Menschen aus aller Welt.

Auch die indische Weise Amma (übersetzt »Mutter«) berührte mich sehr. Amma ist weltweit für ihre selbstlose Liebe, ihr Mitgefühl allen Menschen gegenüber und ihre spirituelle Weisheit bekannt. Sie inspiriert, ermutigt und transformiert Menschen durch einen Moment einer körperlichen Umarmung. Fast vierzig Millionen Menschen haben sie auf ihren weltweiten Reisen oder in ihrem indischen Ashram aufgesucht und haben solch eine liebevoll-annehmende Umarmung erhalten. Folgende Zeilen von ihr erinnerten mich an das Wesentliche: »Meine Kinder, lernt unter allen Umständen, entspannt zu sein. Was immer du tust und wo immer du bist, sei entspannt und sieh, wie machtvoll das ist. Die Kunst der entspannten Gelassenheit bringt die Kraft hervor, die in dir existiert. Durch Entspannung kannst du deine unendlichen Fähigkeiten erfahren. Es ist die Kunst, dein Denken zur Ruhe kommen zu lassen und deine ganze Energie auf deine Arbeit zu konzentrieren, was auch immer du gerade tust. So wirst du in der Lage sein, dein ganzes Potenzial zu entfalten. Lernst du diese Kunst, wird alles spontan und mühelos geschehen.«[10]

Ein Gefühl von Leichtigkeit

Die drei Monate Auszeit hatten mich verändert – das merkten auch meine Familie und die Freunde. Ich fühlte mich tief erholt und viel unbekümmerter als vorher. Die Reise hat in mir ein neues Lebensgefühl zum Klingen gebracht: ein Gefühl von Leichtigkeit. Ich hatte in Indien die ursprüngliche Einfachheit des Seins erlebt. Ich fühlte mich innerlich freier und hatte ganze drei Monate lang das Gefühl genossen, von den Ereignissen geführt zu werden und meinen Impulsen zu folgen. Zurück in Deutschland wurde mir daher umso klarer, wie sehr wir hier den natürlichen Fluss des Lebens durch Vorstellungen und feste Pläne verbauen, sodass kaum noch Raum für Spontanität, Unvorgesehenes und damit für Lebensfreude übrig bleibt. Die Auszeit hatte mir dazu verholfen, das gewohnte Leben loszulassen, und mich mit frischer Leichtigkeit beschenkt. Ich fühlte mich in meinem Vertrauen in das Leben gestärkt und war bereit, noch mehr zu wagen.

Reflexion: Müßiggang auch für mich?

Es muss – und kann – nicht immer ein großer Ausstieg aus dem Alltag sein. Doch Muße ist in vielen Schattierungen möglich. Befragen Sie sich selbst:

- Welche kleinen und großen Rückzugsräume habe ich, um zu mir selbst finden, im Jetzt anzukommen, die Sinne wieder zu spüren und Freiheit zu erleben?
- Welche Einstellung habe ich zum Müßiggang? Ist er mir vertraut? Gestehe ich ihn mir zu? Ist er für mich mit negativen Bewertungen behaftet?
- Möchte ich meine Einstellung ändern? Möchte ich den Müßiggang vielleicht sogar in mein Leben einladen und wenn ja, wofür?

Klosterzeit – einem Herzenswunsch folgen

»Meditation bringt uns in Berührung mit dem, was die Welt im Innersten zusammenhält.«
JOHANN WOLFGANG VON GOETHE

Die Indienreise hatte mich näher zu mir selbst geführt. Die beseelende Zeit mit Martin klang in mir nach und brachte meinen Lebensweg in eine neue Richtung. Seine Lebensart empfand ich als außergewöhnlich und inspirierend. Er hatte fast zwanzig Jahre mit großer Leidenschaft ein psychotherapeutisches Institut aufgebaut. Nun führten Partner das Institut in seiner Abwesenheit, und so war es ihm möglich, sich etwa sechs Monate pro Jahr ganz seinen persönlichen Interessengebieten zu widmen. Er beschäftigte sich intensiv mit den östlichen Weisheitslehren des Buddhismus und integrierte Elemente davon in die westliche Psychotherapie. Jedes Jahr lebte er für einige Monate als Laienmönch in einem zen-buddhistischen Kloster in den Rocky Mountains und vertiefte seine Studien im zauberhaften Indien, dort wo wir uns kennengelernt hatten.

Schon in Indien zogen mich seine Schilderungen über den Buddhismus und seine Erfahrungen im Kloster, seinem »zweiten Zuhause«, wie er sagte, in den Bann. Er beschrieb sehr plastisch den klösterlichen Tagesablauf, die Gruppe der Menschen, die dort lebten, und den Zen-Lehrer Richard Baker Roshi. Er sprach von einem über zweitausendsechshundert Jahre alten Weg, den schon Generationen von Menschen gegangen waren. Sie alle waren wie wir auf der Suche nach innerer Freiheit, Frieden und Glück. Er beschrieb den Buddha als wegweisenden Lehrer für diese innere Suche und nannte sie den »Weg des Erwachens«. Martin verglich diesen Weg mit einer Bergbesteigung. Es bräuchte klare Intention, eine gute Vorbereitung, einen erfahrenen Bergführer und am besten noch Wegbegleiter, die sich gegenseitig unterstützen. Er wies mich auch darauf hin: Der Akt einer Bergbesteigung bis zum Gipfel ist nicht nur angenehm und schön. Er ist auch anstrengend, körperlich, geistig und seelisch. Es braucht Mut und Ausdauer. Seine Worte klangen in mir nach und sollten sich bewahrheiten.

Ein erprobter Weg der Befreiung

In meinem bisherigen Alltag, der aus dem Wechsel von Arbeit und Freizeit und dem Ringen um ein bisschen Gelassenheit und Muße-Inseln bestand, konnte ich mein tiefes Anliegen nicht befriedigend umsetzen. Meine Auszeit in Indien hatte mir Abstand verschafft und mir eine neue Perspektive geschenkt. Ich fühlte mich mutiger und fasste einen Entschluss: Ich wollte einen noch größeren Sprung wagen und mich intensiv mit den traditionellen Weisheitslehren beschäftigten. Ich wollte dieses Anliegen in das Zentrum meines Lebens stellen und eine Lebensform wählen, die mich optimal dabei unterstützen würde, diese innere Befreiung zu finden. Ich entschloss mich, mein Leben darauf auszurichten.

Bisher konnte ich mein inneres Streben, diesen tiefen Wunsch, der in mir brannte, nur mit der Suche nach Glück und innerer Freiheit beschreiben. Je mehr ich mich mit dem Buddhismus auseinandersetzte, umso klarer wurde mir, dass sich dieser Weg tatsächlich genau mit diesem Anliegen befasste. In meiner christlich geprägten, dennoch nicht religiösen Umgebung hatte ich keine befriedigenden Antworten auf meine Fragen gefunden. Und die in akademischen Institutionen gelehrte Psychologie ist eine streng empirische Wissenschaft, die sich vornehmlich mit Theorien und daraus abgeleiteten Modellen, Hypothesen, Annahmen befasst. Auch darin fand ich während meines Psychologiestudiums keine richtige Inspiration.

Mir gefiel das positive Menschenbild im Buddhismus, das davon ausgeht, dass in uns ein edler Kern schlummert. Den gilt es zu finden, zu erkunden und zum Strahlen zu bringen. Alle Anstrengungen bei der Freilegung und beim Polieren dieses edlen Kerns sollen letztendlich dem Wohl aller Wesen dienen. Und da ich eher analytisch und nicht religiös gläubig veranlagt bin, war ich erleichtert, dass es nichts zu glauben gibt, sondern das Erkennen durch praktische Erfahrung geschieht – kurz auch »Praxis« genannt. Im Buddhismus geht es also um direkte Erfahrung, um Reflexion und die Veränderung der inneren Haltung. Letztendlich um eine innere Selbst-Verwandlung.

Ayya Khema, eine bekannte deutschstämmige buddhistische Nonne, drückte in einem Vortrag mit dem Titel »Um was geht's denn eigentlich?« sehr treffend aus, was mich bewegte: »Buddhismus praktizieren ist eine der Möglichkeiten, um zu verstehen, wovon das menschliche Leben handelt. Es geht immer wieder um dasselbe, aber wir müssen uns hineinknien, in diesem Fall sogar wörtlich genommen. Wenn wir oberflächlich zuhören, passiert überhaupt nichts. Im Gegenteil! Erst einmal müssen sich Herz und Geist einig sein, dass die Jagd in der Welt auf keinen Fall bleibende Resultate bringen kann. Im Herzen ist es aber möglich, einen Weg zu finden, der alle Fragen beantwortet und der uns dann am Ende zeigt, wieso wir überhaupt auf der Welt sind.«[11]

Verschiedene Richtungen des Buddhismus

Es ist sinnvoll, sich kurz zu vergegenwärtigen, dass sich der Buddhismus in seiner zweitausendsechshundert Jahre alten Geschichte zunächst im asiatischen Raum ausgebreitet und dabei von der jeweiligen vorherrschenden Kultur stark geprägt wurde. Es entwickelten sich im Laufe der Jahrhunderte drei buddhistische Hauptströmungen: zum einen der sogenannte frühe Buddhismus, auch Theravada genannt, der sich besonders in Indien, Thailand, Sri Lanka und Burma ausbreitete. Nach China und Japan gelangte der Buddhismus erst einige Hundert Jahre später und vermischte sich auch dort mit der Kultur des Landes. Diese buddhistische Richtung wird Mahajana genannt, wozu auch Zen gehört, und unterscheidet sich zum Teil inhaltlich und auch in den Übungsformen vom Theravada-Buddhismus.

Der tibetische Buddhismus entwickelte sich wiederum aus dem Mahajana-Buddhismus. Er unterscheidet sich in einigen Merkmalen von den anderen buddhistischen Schulen. So essen viele tibetische Buddhisten, im Gegensatz zu den oft streng vegetarisch lebenden Buddhisten, auch heute noch Fleisch. Ihre kargen Lebensbedingungen im Hochgebirge Tibets hatten es notwendig gemacht. Auch die Gewänder, die religiösen Rituale und natürlich die Übungspraktiken unterscheiden sich deutlich. Während der Dalai Lama in rot-gelbe Gewänder gekleidet ist, ist die Robe der Zen-Mönche meist schlicht in Schwarz und Grau gehalten. In Thailand zum Beispiel tragen die Mönche braune Meditationsroben.

Solch offensichtliche Unterschiede gibt es auch in unserer christlich-abendländischen Kultur. Die drei Hauptkonfessionen der römisch-katholischen, evangelischen und orthodoxen Christen unterscheiden sich ebenfalls in den Lebensformen, den Ritualen und Übungswegen.

Doch letztendlich geht es bei all diesen Wegen um die Erinnerung und die direkte Erfahrung von dem, was man »Spirit«, das Unfassbare, das Zeitlose, das Weite und das wirklich Sinngebende in uns nennen könnte. Für die einen ist es eine Rückbindung an das Göttliche, für die anderen ist es die Erfahrung der edlen Buddhanatur in uns. Und auch der Dalai Lama stellt klar: »Die Lehren des Buddhismus sind letztlich keine Religion, sondern eine Wissenschaft des Geistes.«[12]

Martin hatte großen Anteil daran, dass ich mich ausgerechnet für die zen-klösterliche Meditations- und Lebensform zu interessieren begann. Nachdem wir uns in Indien ineinander verliebt hatten, verschwand er direkt für einige Monate in sein Kloster. Er schrieb mir von dort aus Briefe, die mein Herz berührten, und ich begann schon bald davon zu träumen, mit ihm gemeinsam dort zu sein. »Das Kloster ist für mich einer der bezauberndsten Plätze auf der ganzen Welt. Stell dir vor, du bist auf zweitausendfünfhundert Metern Höhe, die Bergspitzen der Rocky Mountains von über viertausend Metern im Rücken, und hast einen atemberaubenden Weitblick auf eine Hochebene. Dieser Blick ist so weit, dass sich Herz und Geist wie von allein öffnen und die ganze Welt darin Platz hat. Alles kommt zur Ruhe. Das ist ein Ort, um wirklich inneren Frieden zu finden, und der ganze Klosteralltag dreht sich genau darum.« Diese Worte brachten meine Sehnsucht zum Klingen. Ich hatte mir nach dem Tod meiner Mutter doch so fest vorgenommen, dem Wesentlichen zu folgen. Und mir war klar: Ich möchte tiefe Gelassenheit und innere Freiheit finden. Anders ausgedrückt: Ich war auf der Suche nach Glück und Frieden. Einem beständigen Glück, einem Glück, das nicht von den äußeren Bedingungen und dem Einfluss von Schicksalsschlägen abhängt, sondern sich ganz natürlich von innen heraus entfaltet.

Ich begann mich mit der zen-typischen Meditationspraxis vertraut zu machen, meditierte jeden Morgen fünfzig Minuten und las das Buch »Zen-Geist, Anfänger-Geist« von Shunryu Suzuki, eine gute Einführung in die für mich damals noch exotisch wirkenden Übungen und Ansichten des Zen. Obwohl ich bereits mit siebzehn Jahren mit der Meditationspraxis innerhalb meiner Familie gestartet hatte, später an Meditationskursen teilnahm und auch mit Adrian meditierte, war die Zen-Anleitung ungewohnt für mich.

In der Zen-Meditation geht es darum, die Stille in uns zu entdecken und dies auch im Alltag zu praktizieren, denn der wichtigste

Aspekt im Zen ist, in der eigenen Mitte zu sein, in der entspannten Nicht-Bewegung. Es geht darum, sich nicht einzumischen und die Dinge, damit sind auch unsere Gedanken, Gefühle, Emotionen, Vorstellungen gemeint, so zu lassen, wie sie sind. Wir erkennen sie als solche und beginnen damit, uns nicht mehr so sehr mit ihnen zu identifizieren. Dadurch entsteht ein Leben in Harmonie, weil wir immer wieder zur Wurzel unseres Seins gehen.

Übung: Sich auf die Mitte ausrichten

Um eine erste Vorstellung davon zu bekommen, was eine geistige innere Mitte bedeutet, können Sie die folgende kleine Übung machen. Stellen Sie sich eine Wandtafel vor, an der verschiedene Lampen angeordnet sind, die nacheinander aufleuchten. Sobald Sie versuchen, die jeweils aufleuchtende Lampe wahrzunehmen, wird es anstrengend, fast unmöglich. Schauen Sie dagegen auf einen Punkt in der Mitte der Wandtafel, entfaltet sich *Gewahrsein,* und Sie können ohne Mühe alles wahrnehmen.

Schauen Sie nun einfach in den Raum hinein, in dem Sie sich gerade aufhalten, und versuchen Sie mit einem weichen Blick, ohne etwas zu fixieren, den ganzen Raum wahrzunehmen. Auf die Art haben Sie sich räumlich auf die Mitte ausgerichtet. Das kann eine gute Haltung für den Einstieg in eine Meditation sein.

Aufbruch ins Kloster

> *»Bei der Muße soll nicht etwa träges Nichtstun locken, sondern das Erforschen und Auffinden der Wahrheit.«*
> AUGUSTINUS

»Muss es denn gleich ein Kloster sein?«, fragten mich meine Familie und meine Freunde etwas entgeistert. Doch ich hatte mich entschieden: Ich wollte nach Amerika ins Kloster und war fest entschlossen, den Übungsweg des Zen so tief wie möglich kennenzulernen. Das war mein größter Wunsch, und ich tat alles, um ihn umzusetzen. Denn ich ahnte: Um still zu werden, musste ich lernen, auf Ablenkungen zu verzichten.

Mein Leben änderte sich radikal. Schon bald hatte ich meinen Lebensrhythmus an Martins erprobtes Modell angepasst. Ich arbeitete nun etwa sechs Monate pro Jahr freiberuflich als Projektmanagerin, beriet kleinere Firmen und spezialisierte mich auf Organisationsentwicklung. Damit verdiente ich genau so viel, wie ich für diesen Lebensstil brauchte. Meine Ausgaben und Lebenshaltungskosten reduzierte ich auf ein Minimum, machte keine Anschaffungen mehr und lebte recht einfach. Die Auszeit hatte mir ja gezeigt, mit wie wenig ich auskommen konnte. Die andere Jahreshälfte hatte ich nun frei – freie Zeit für Meditation im Kloster und in Indien. Dieses Lebenskonzept fand ich einfach genial.

Martins Lehrer Richard Baker Roshi (*Roshi* ist der Titel eines Zen-Meisters) lernte ich bei einem Vortrag kennen. Dieser große, imposant wirkende, sprachgewaltige, glatzköpfige Zen-Meister beeindruckte mich sofort. Baker Roshi ist Nachfolger des bekannten japanischen Zen-Meisters Shunryu Suzuki, der 1958 in die USA ging. Suzuki gründete das Zen-Zentrum in San Francisco und später Tassajara, das erste Zen-Kloster außerhalb Asiens. In kurzer Zeit versammelte sich eine große Zahl amerikanischer

Interessierter um ihn, darunter auch Steve Jobs, der spätere Gründer der Firma Apple.

Schon bald fuhr ich zum ersten Mal mit Martin in Baker Roshis deutsches Studienzentrum Johanneshof im Schwarzwald. Alles war neu und ungewohnt für mich. Alle Praktizierenden waren dunkel gekleidet, die dort lebenden Mönche und Nonnen hatten schwarze lange Roben (spezielle mantelartige Meditationsgewänder) an und einen kahl geschorenen Kopf. Im Haus und in der Gemeinschaft herrschte eine freundliche und wohlwollende Stimmung. Es wurde gar nicht oder sehr wenig gesprochen, und wir folgten einem klaren Zeitplan. Ich fühlte mich wie eine absolute Anfängerin, was mich verunsicherte. Trotzdem war ich neugierig und fand das alles sehr spannend.

Ich erinnere mich an den ersten Morgen im Kloster: Dieser begann mit frühem Aufstehen, zwei Meditationseinheiten von jeweils fünfzig Minuten und dazwischen gab es eine zehnminütige langsame Gehmeditation im Kreis. Keiner sagte ein Wort, es gab auch keine Anleitung. Ich wusste: Ich sollte alles genauso machen wie die anderen. Ich folgte ihnen in den Frühstücksraum und versuchte, das Essensritual mitzumachen. In drei kleinen Schalen wurden Miso-Suppe, Reis und Rührei serviert. Als Besteck lagen nur japanische Stäbchen und ein kleiner Holzlöffel bereit. Es wurde eine Art Tischgebet gesungen, danach erklang eine Glocke, alle verneigten sich vor dem Essen und begannen zu essen. Die Mahlzeit wurde beendet, wenn alle ihre Schalen geleert hatten. Wieder erklang eine Glocke, alle verneigten sich. Ich war völlig damit beschäftigt, bei den anderen abzuschauen und nachzumachen, was sie taten. Schließlich wollte ich nicht auffallen und alles richtig machen. Ich fühlte mich etwas angespannt. Nach dem Frühstück wurden die Arbeiten aufgeteilt. Ich sollte in der Küche mitarbeiten und beim Abspülen helfen. Nach der Arbeitsperiode erklang eine Glocke, es war Zeit für eine kleine Teepause. Doch schon kurz darauf läutete eine große Glocke zur nächsten Meditationseinheit im Meditationsraum, und wir saßen wieder mit gekreuzten Beinen auf dem Kissen bis zum Mittagessen. Danach gab es eine Pause.

Endlich hatte ich Gelegenheit, Martin auf einem Spaziergang ein paar Fragen zu stellen. Während mir die Meditationen leichtfielen, empfand ich den klösterlichen Tagesplan als sehr ungewohnt. Einfach abzuschauen und mitzumachen, ohne richtig zu verstehen, warum was gemacht wurde, war schwierig für mich. Martin riet mir: »Lass los, versuche nicht zu verstehen und lass dich auf die neuen Erfahrungen ein. Du kannst hier nichts falsch machen. So kannst du ganz viel über dich lernen. Das ist ein Übungsplatz, beobachte dich selbst. Erlebe deine Sorge, etwas nicht zu können, und wie es ist, ein Anfänger zu sein. Die Alltagsgewohnheiten werden im Kloster absichtlich unterbrochen. Es gibt kein Essen auf Tellern mit Gabeln und Messern. Keine Uhren an den Wänden, sondern einen Gong, der die Zeit ansagt.« Seine Worte beruhigten mich und nach ein paar Tagen fühlte ich mich etwas vertrauter mit dem Gefühl, eine richtige Anfängerin zu sein. Genauso, wie es die Übungspraxis vorschlug.

In den nächsten Monaten fuhr ich immer wieder für einige Zeit in das Studienzentrum Johanneshof und bereitete mich auf meine erste intensive Praxisperiode im amerikanischen Kloster vor.

»Buddhismus ist nicht die Wahrheit. Er ist eine Lehre, die Dich die Wahrheit treffen lässt. Buddhistische Meditationspraxis und Lehre ist, Dich in die Mitte der Stille zu bringen, aber dann lassen sie Dich herausfinden, was geschieht.«[13]

Richard Baker Roshi

Zen-Meditation

Die Meditationspraxis im Zen besteht zum einen aus Meditation, »dem stillen Sitzen in Versunkenheit« in aufgerichteter, möglichst stiller Haltung auf einem Kissen. Die Beine sind ineinander geschlagen wie beim Lotossitz im Yoga. Der Rücken ist gerade und aufrecht, und die Hände sind entspannt ineinandergelegt, wobei sich die Daumenspitzen leicht berühren. Die Augen bleiben halb geöffnet, der Blick ist entspannt ohne Umherschweifen zum Boden gesenkt.

Ist der Sitz eingenommen, beginnt die eigentliche Meditationsübung: Ziel ist es, nicht nur den Körper still werden zu lassen, sondern auch den ständig umherschweifenden Geist und die Gedanken zu beruhigen. Wenn wir das versuchen, stellen wir zunächst fest, wie unruhig es in uns ist. Wir erleben in uns einen inneren Wasserfall von Gedanken, Impulsen, Ideen, Eindrücken und Gefühlen. Schritt für Schritt lernen wir, diese Prozesse zu erkennen, uns damit vertraut zu machen und die Gedanken und Bewusstseinsinhalte wie sich ständig verändernde Wolkengebilde am Himmel zu betrachten. Wir beginnen, uns nicht mehr mit den Inhalten unserer Erfahrung zu identifizieren, sondern mehr und mehr mit dem Bewusstsein, das uns diese Betrachtung überhaupt erst ermöglicht. Das ist ein sehr spannender Prozess, und die Bewegungen im Geist werden allmählich ruhiger: vom Wasserfall zum reißenden Fluss, dann zum ruhig dahinfließenden Fluss, und schließlich ist es möglich, dass – wie es in den alten buddhistischen Texten heißt – der Geist so ruhig wird wie ein Ozean, ohne Wellen, ohne Wind an einem schönen Tag in der Mittagsonne.

Ein anderer, ebenso wichtiger Teil der Zen-Praxis besteht in der Konzentration auf den Alltag. Dies bedeutet, dass man sich auf die Aktivität, die man gerade in diesem Augenblick ausübt, vollkommen konzentriert, ohne dabei den Gedanken nachzugehen. Zen ist ein Weg der Kraft und der Disziplin. Viele asiatische Kampfsportarten haben Elemente des Zen in sich. Man denke nur an die konzentrierte Kraft eines Karatemeisters, der mit der bloßen Handkante ein hartes Brett durchtrennen kann. Der Alltag im Zen-Kloster ist von großer Disziplin und ständiger Wiederholung und Verfeinerung bestimmter Bewegungen, beispielsweise beim Essen aus Schalen oder bei den Verbeugungen, geprägt, bis die Bewegungen ganz harmonisch werden und sich alle persönlichen Widerstände aufgelöst haben und man schließlich ein zeitloses Gewahrsein als natürlichen Zustand des Geistes entdeckt.

Ankommen im Trainingslager für innere Freiheit

Ich flog nach Denver und nahm von dort ein kleines Flugzeug nach Alamosa, einer Kleinstadt mit Miniflughafen südlich des bekannten Skiorts Aspen. Von hier waren es noch ein paar Stunden Richtung Crestone, dem nächstgelegenen Ort vom Kloster. Die Landschaft zeigte sich atemberaubend schön. Sie erinnerte mich an Indianerfilme: der Wilde Westen mit alten Goldminen am Berg und staubigem savannenartigem Land. Wir fuhren durch das ausgedehnteste in einem Gebirge liegende Tal der Welt, erklärte mir der Mönch, der mich abholte. Erstaunt haben mich auch die höchsten Sanddünen in Nordamerika, an denen unsere Fahrt vorbeiführte. Endlich kamen wir im Kloster an. Martin hatte recht: Dieser Platz gehört zu den entlegensten und landschaftlich dramatischsten Gegenden in Nordamerika. Wilde, fast unberührte Natur und alles so ursprünglich und kraftvoll. Ich war beeindruckt.

Das Anwesen war riesig, wahrscheinlich ist es an einem Tag nicht zu umwandern. Das Kloster bestand aus mehreren großen, massiven Gebäuden, die aus Stein, hellem Holz und viel Glas gebaut waren und sich einladend in die Landschaft einfügten. Es gab ein Gästehaus mit schön und ästhetisch ausgestatteten Zimmern für etwa zwanzig Personen, ein Haupthaus mit Küche, einem großem Essraum und Studienzimmern. Auf dem weitläufigen Gelände befanden sich mehrere kleine Holz-Steinhäuser, die von einigen Mönchen und Nonnen fest bewohnt wurden. Ganz besonders schön war der sogenannte Zendo, das große Meditationsgebäude im japanischen Stil mit umlaufender überdachter Terrasse. Nicht weit davon stand ein weiteres interessantes Holzhaus. Es erinnerte mich an ein traditionelles japanisches Teehäuschen. Tatsächlich – ein paar Tage nach meiner Ankunft wurde ich von Baker Roshi zu einem Einzelgespräch in diesem Teehaus empfangen. Das Haus war ganz aus Sandelholz gebaut, verströmte einen bezaubernden Duft und war innen mit japanischen Tatamis als Bodenbelag und wunderschöner asiatischer Kunst ausgestattet. Ich war glücklich, hier zu sein. Für die kommenden vier Monate würde das Kloster nicht für Besucher zugänglich sein. Die Praktizierenden konnten sich so ganz auf ihre intensive Meditationszeit konzentrieren.

Ungewohntes Klosterleben

Meine erste neunzigtägige, intensive Meditationszeit, auch Praxisperiode genannt, begann. Ich war glücklich und auch ein bisschen stolz, teilnehmen zu dürfen. Im Vorfeld hatte ich einige Praktizierende kennengelernt, die mich um meine bevorstehende ganz spezielle Auszeit in den Rocky Mountains von Herzen beneideten. Viele Meditierende träumen von einer intensiven Zeit im Kloster. Doch berufliche, familiäre und finanzielle Verpflichtungen machen es ihnen unmöglich, für mindestens drei Monate plus Vorbereitung und Ausklang auszusteigen. In den nächsten Monaten durfte ich mich nun also ganz auf das Meditieren und die Klosterpraxis konzentrieren, konnte an einem wunderschönen Platz leben, musste mich um nichts Organisatorisches kümmern. Ich war einfach nur für mich da, und sogar die Kontakte zur Außenwelt waren klar geregelt. Für eine Stunde pro Woche konnten wir den Computer und das Telefon benutzen.

Zur Vorbereitung auf die Klosterzeit hatte ich mir eine schwarze Robe nähen lassen, ein mantelartiges langes Gewand mit weißer Bluse und grau-blauem Untermantel – so wie die Mönche und Nonnen es tragen. Bei bis zu minus zwanzig Grad in den Bergen macht es Sinn, in der recht kalten Meditationshalle warm angezogen zu sein. Die Roben sind perfekt dafür, sie halten die Wärme am Körper und schenken Bewegungsfreiheit. Die Meditationshalle, der Zendo, ist nur auf siebzehn Grad geheizt, das ist so gewollt, weil es Körper und Geist auf natürliche Weise wach hält. Die Meditationspraxis im Zen-Kloster fordert auch die körperliche Fitness auf ganz bestimmte Weise, wie ich feststellte. Vor der traditionellen »Eingangsübung« hatte ich entsprechend Respekt. Die Entschlossenheit des Übenden wird geprüft. Ich würde allein in der Meditationshalle meditieren, sogar das Essen würde mir dort in der Meditationshaltung serviert. Das hieß drei Tage jeweils fünfzehn Stunden sitzen. Auch im alten Japan wurden die Klosteranwärter mehrere Tage vor der Klostertür sitzend allein gelassen. Erst wenn sie nicht abzuwimmeln und ihr Anliegen stark genug war, wurden sie in das Kloster aufgenommen.

Doch nicht nur die Meditation war herausfordernd. Auch der Tagesablauf hatte seine ganz eigene Dynamik. Um halb vier morgens begann der Tag. Es folgten mehrere Sitzeinheiten im Zendo, eine Gehmeditation und die Rezitation des Herz-Sutras (ein kurzer Text der »höchsten Weisheit«, dem Herz der Lehren). Um halb sieben Uhr hatten wir vierzig Minuten Zeit für eine kleine Studienperiode. Wir konnten in einem gewählten Buch lesen. Aber eben nur zu dieser Tageszeit. Im weiteren Verlauf des Tages war jede Stunde genauestens verplant, sodass keine freie Wahl blieb. Die Mahlzeiten wurden mit einer Glocke eingeläutet, wir begannen gleichzeitig und endeten auch gemeinsam. Es war wichtig, sich in einen gemeinsamen Rhythmus einzufinden. Aß jemand langsamer, mussten alle warten, bis er fertig war. Auch der weitere Tagesablauf war sehr strukturiert. Er bestand aus einer interessanten Abwechslung zwischen zwei längeren Arbeitseinheiten am Vormittag und Nachmittag im Haus, in der Küche oder im Garten und kurzen Pausen, in denen wir Tee tranken. Alle sechs Tage stand eine Studiengruppe auf dem Plan, und jeden zweiten Tag hielt der Abt und Zen-Meister einen sogenannten Talk, einen Vortrag. Über den Tag verteilt gab es immer wieder Meditationseinheiten, die mit einem Gong oder Trommeln eingeläutet wurden, die über das ganze Gelände schallten. Dann hieß es, raus aus der Arbeitskleidung und hinein in die Meditationskleidung. Nach der Meditation ging es wieder zum Umziehen. Etwa sechsmal am Tag wechselte ich meine Kleidung. Der ganze Zeitplan war ungewohnt, und das sollte er auch sein. Er durchbrach die Gewohnheit einer Fünf-Tage-Woche, denn es gab keinen freien Samstag oder Sonntag. Eine Mönchswoche dauerte neun Tage, und es brauchte Zeit, bis ich mich darin eingefunden hatte.

Ich bekam eine feste Arbeitsaufgabe zugeteilt. Ich war für die Sanitäranlagen im großen Gästehaus zuständig. Das hieß Toiletten putzen. Sechs Wochen lang. Jeder hatte eine Aufgabe erhalten, und es galt, diese Tätigkeit mit ganzer Aufmerksamkeit zu tun. Andere wurden für die Frühstücksvorbereitung, das Mittagessen, Spülen oder andere Reinigungsarbeiten eingeteilt. Jeder blieb für eine ganze Zeit in dieser Rolle und hatte die Gelegenheit, die gleiche Leidenschaft in diese Aufgabe einzubringen wie in die Meditation. Ich hörte die Anweisungen der erfahrenen Mönche, doch zunächst verstand ich nicht, was sie meinten. Noch konnte ich mir nicht vorstellen, keinen Unterschied zwischen Zazen, der Meditation in der eleganten, schönen Robe, und dem verschwitzten, knienden Schrubben der Klodeckel zu machen. Auch Sätze aus den Talks des Zen-Meisters, die ich in mein Tagebuch schrieb, ließen mich grübeln: »Die Übung des Zazen befreit den Geist aus jeglichen absichtsvollen Gedankenformen, Visionen, Vorstellungen und Handlungen. Somit ist Zazen in seiner reinsten Form das Verweilen des Geistes in einem Zustand hellwacher Aufmerksamkeit. Die ist jedoch auf kein Objekt gerichtet und identifiziert sich auch nicht damit. Um das zu erreichen, braucht es Beharrlichkeit und Hingabe in der Übung.«

Doch tatsächlich – ich machte mit der Zeit tiefe Erfahrungen, die ich interessanterweise zunächst nicht verstehen konnte. Es brauchte einige Zeit, bis sich mir der tiefere Sinn offenbarte, und so lernte ich Schritt für Schritt dazu.

Als Paar im Kloster

Besonders erfüllend empfand ich, dass Martin und ich als Paar gemeinsam im Kloster leben konnten, auch wenn wir in den folgenden Jahren nicht immer zur gleichen Zeit zusammen dort waren. Meine Vorstellungen über Mönche, Nonnen, Priester und Klöster waren bis dahin sehr christlich geprägt. Ich dachte, Klöster haben dicke Mauern, Männer und Frauen wären getrennt untergebracht und Liebesbeziehungen nicht geduldet. Doch ähnlich wie bei den evangelischen Geistlichen dürfen Zen-Buddhisten der Soto-Zen-Linie, die Baker Roshi vertritt, durchaus heiraten, eine Familie gründen und auch im Kloster zusammen praktizieren. Neben Martin und mir gab es noch zwei weitere Paare, die sich im Kloster eines der kleinen Appartements im Gästehaus und ein abgelegenes Holzhaus teilten. Die Paare achteten sehr rücksichtvoll darauf, Zärtlichkeiten nicht in der Öffentlichkeit auszutauschen – und hätte ich nicht gewusst, dass es sich um Paare handelte, wären sie mir als solche auch nicht aufgefallen.

Als Paar im Kloster zu leben war einerseits eine sehr innige und erfüllende Erfahrung. Wir verbrachten den Tag zusammen, im gleichen Meditationsraum, begegneten uns immer wieder beim Arbeiten, bei den Mahlzeiten, hatten manchmal einen lächelnden Augenkontakt, und doch sprachen wir nicht oder nur ganz wenig miteinander. Es war eher die stille Präsenz, die uns miteinander verband. Beinahe täglich verabredeten wir uns für einen kurzen gemeinsamen Spaziergang Hand in Hand. Das war eine sehr intime und wunderschöne Art des Zusammenseins, befreite uns jedoch nicht davon, dass jeder seine Bedürfnisse und Stimmungen hatte, genau wie bei anderen Paaren. Daher kam es auch zu Missverständnissen und Konflikten. Allerdings hatten wir hier kaum Freizeit, also keine Zeit für lange Gespräche, Diskussionen und auch wenig Zeit für sinnliche Intimität. Der Tagesplan war einfach zu straff, jeder brauchte seinen Schlaf, und am freien Tag waren wir heilfroh, dass jeder auch mal Zeit für sich allein hatte. Trotzdem gab es praktizierende Paare, die Nachwuchs erwarteten.

Hingabe üben und mit ganzem Herzen leben

> *»Kern jeder Meditationstechnik ist die Übung, in der Gegenwart zu sein.«*[14]
>
> Dr. Alexander Poraj,
> Zen-Lehrer am Benediktushof

Ich war es gewohnt, mehrere Dinge gleichzeitig zu tun. Zu Hause und im Beruf. Adrian hatte mir schon näher gebracht, wie viel mehr Lebensqualität entsteht, wenn ich mich ganz auf das Essen konzentriere und dabei nicht den Gedanken nachhänge, gleichzeitig Zeitung lese oder mich angeregt unterhalte. Im Kloster erlebte ich dieses Nacheinander-Tun nun sehr intensiv: Ganz präsent und entspannt sein ist das Übungsziel. Jeder Handgriff sollte mit Sorgfalt, so bewusst wie möglich und ohne Eile ausgeführt werden. Es gab keinen Zeitdruck, und auch das Ergebnis wurde nicht kontrolliert. Es war erstaunlich, was mir bei dieser Aufgabenstellung alles auffiel. Für meine Aufgabe, das Toilettenputzen, hatte ich jeden Vormittag zweieinhalb Stunden Zeit. In den ersten Tagen fiel mir auf, wie ich meine Tätigkeit geistig fast abwesend durchführte. Ich dachte über alles Mögliche nach, trotzdem versuchte ich, besonders gut zu putzen. Dann wurde mir langweilig dabei, ich spürte Widerstand und überlegte: Wenn ich schneller putzen würde, könnte ich ja etwas freie Zeit für mich herausholen. Doch das würden die anderen vielleicht mitbekommen, und ich fühlte ein schlechtes Gewissen aufsteigen. Ich probierte alles aus: oberflächlicher putzen, langsamer und schneller putzen. Noch nie war mir bewusst, wie viele Möglichkeiten ich hatte, an eine einzelne Sache heranzugehen. Schmunzelnd fiel mir der Film »Und täglich grüßt das Murmeltier« ein. Darin geht es um einen Mann, der in einer Zeitschleife gefangen ist und immer wieder den gleichen Tag erlebt. Er ist im Räderwerk seiner Gewohnheiten gefangen, bis er die wundersame Entdeckung macht, dass es an ihm liegt, sein Denken und seine Verhaltensweisen Schritt für Schritt zu verändern. So versuchte ich, eine innere Haltung zu finden, die dem gerecht würde, um was es bei der Praxis geht: die hingebungsvolle Selbsterforschung. Nach etwa zwei Wochen empfand ich jeden Handgriff viel bewusster, und die Tätigkeit begann mir Freude zu bereiten. Ich war auf die Idee gekommen, meinen Atemfluss beim Putzen genauso intensiv wahrzunehmen wie bei der Meditation auf dem Kissen. Ich spürte so jede Bewegung viel intensiver, atmete bewusst dabei, und dann tauchte dieses Phänomen auf: Ich putzte die Toiletten und Waschbecken, schrubbte den Boden und kam ganz unvermittelt in einen Flow. Durch die Konzentration auf den Atem beruhigte sich der Geist und wurde still. Ich dachte beim Putzen nicht mehr über etwas nach, ich tat es einfach mit voller Hingabe. Das Zeitgefühl löste sich auf, ich fühle mich entspannt. Es war sogar ein Genuss, diese wischenden Bewegungen so intensiv, mit dem ganzen Körper und mit geistiger Präsenz auszuführen. Das gefiel mir sehr!

Muße und Flow

Flow oder »Fließen« ist ein beglückendes Gefühl. Viele kennen es aus eigener Erfahrung, wissen aber nicht, dass es auch wissenschaftlich untersucht wurde. Der Glücksforscher Mihály Csíkszentmihályi gilt als Schöpfer der Flow-Theorie, die er 1985 aus der Beobachtung verschiedener Lebensbereiche, unter anderem beim Tun von Chirurgen, Bildhauern, Tänzern sowie Amateur- und Extremsportlern, entwickelte. Mittels Fragebögen und Tiefeninterviews an über zweihundert Personen dieser Berufsgruppen wurde das Flow-Phänomen beschrieben als »selbst- und zeitvergessenes Aufgehen in einer glatt laufenden Tätigkeit, die man trotz hoher Beanspruchung noch unter Kontrolle hat«.[15] Menschen im Flow empfinden tiefe Freude, während sie sich gleichzeitig auf ihrem höchsten Leistungs- und Konzentrationsniveau befinden.

Flow ist demnach ein mentaler Zustand der völligen Vertiefung (Konzentration) und des restlosen Aufgehens in einer Tätigkeit (Absorption), die wie von selbst vor sich geht. Flow kann als ein Schaffens- oder Tätigkeitsrausch oder auch als Funktionslust verstanden werden. Dabei ist das Tun, also die Aktivität selbst, von entscheidender Bedeutung und nicht das Erreichen des Ziels.

Ein besonderes Merkmal des Flow ist die Anstrengungslosigkeit und das Vergessen der Zeit. Der Flow ist demnach der Erfahrung der Muße ähnlich. So wie es der Muße-Forscher Stefan Schmidt von der Universität Freiburg bezeichnet: »Muße ist, wenn man in der Herrschaft der Zeit der Zeit enthoben ist. Das heißt, Sie sind nach wie vor in Ihrer ganz normalen zeitlichen Entwicklung unterwegs. Aber es steht nicht mehr dieser sequentiell enge, eventuell schnell ablaufende Zeitrhythmus im Vordergrund. Vielmehr sind Sie so gegenwärtig in Ihrem Zustand, dass eine Weite und ein Raum aufgeht, während die Zeit, das Zeiterleben in den Hintergrund tritt. Sie sind damit der Herrschaft der Zeit enthoben. Diesen Zustand würden wir als Muße bezeichnen.«[16] Wenn wir also etwas mit ganzem Herzen tun, wenn der Zweifel und die Widerstände wegfallen, dann erleben wir einen Zustand der Einheit. In dieser Einheit gibt es keine Zeit mehr, es herrscht Stille.

Reflexion: In den Flow finden

Fragen Sie sich selbst oder beobachten Sie sich bei einer nächsten Gelegenheit:

- Kenne ich Momente von entspannter, beglückender Leichtigkeit?
- Gibt es Momente, wo ich ganz in mein Tun versunken bin und die Zeit vollständig vergesse?
- Welche Interessengebiete führen mich in den Flow?

Das Sitzkissen als Labor

In der klassischen buddhistischen Schulung steht Muße nicht ausdrücklich auf dem Lehrplan. Trotzdem wird sie auf verschiedene Arten erlebt und verinnerlicht. So kann ein Kloster ein perfektes Muße-Labor sein. In einem Labor (vom lateinischen *laborare* = »arbeiten«, »sich bemühen«) werden verschiedene Experimente, Prozesskontrollen, Qualitätskontrollen, Prüfungen und Messungen durchgeführt, und/oder es werden Materialien bearbeitet sowie Produkte hergestellt. In einem solchen Labor können wir uns selbst besser verstehen lernen, wir können die Interaktion mit anderen und auch gemeinschaftliches Zusammenleben besser nachvollziehen. So können wir auch die Muße und ihre Wirkfaktoren genauer untersuchen.

Zunächst einmal können wir uns bewusst machen, wie wichtig freie Zeit ist. Dies sagte mir auch der deutsche Arzt und Lama (ein Titel eines Lehrers im Tibetischen Buddhismus) Tilmann (Lhündrup) Borghardt in einem persönlichen Gespräch: »Muße ist eine Vorausbedingung der Meditation. Es braucht Muße, es braucht Raum und Zeit, um sich der Meditationspraxis widmen zu können. Muße ermöglicht, dass der Geist entspannt. Wenn uns die Muße abhandenkommt, wie vielen Menschen, dann verlieren wir eines der kostbarsten Güter des menschlichen Lebens. Es ist sehr kostbar, über Muße zu verfügen.«

Gelassenheit finden durch Meditation

Viele Menschen wünschen sich von Herzen mehr Ruhe und Gelassenheit. Dies kann durch die Entscheidung für mehr Freiräume und Zeiten des Nichtstuns erfüllt werden. Wir können dies als »äußere« Muße bezeichnen. Allerdings fällt es den meisten schwer, der äußeren Muße einen festen Platz im Leben einzurichten und sie als lebendige Erfahrung im Alltag zu erleben.

Meditation ist eine in vielen Religionen und Kulturen ausgeübte spirituelle Praxis. Sie unterstützt dabei, in eine »innere« Muße im Sinne einer zutiefst gelassenen Lebenshaltung, einer inneren Haltung zu finden. Meditation ist nicht produktiv im üblichen Sinne und hat zunächst zum Ziel, geistesgegenwärtig zu sein und Körper und Geist in einem Zustand heiterer Gelassenheit zu erleben – wach, entspannt und bewusst.

Dann beginnen wir, unser Bewusstsein und die Erfahrung systematisch zu erforschen. Dies tun wir nicht auf psychologisch erklärende Weise, sondern allein mit der untersuchenden Kraft eines achtsamen Geistes, der sich selbst und seine Bewegungen betrachtet. So beginnt die Praxis meist damit, erst mal den Geist zu beruhigen, die Kraft der Achtsamkeit zu stärken und schrittweise in eine »Geistesruhe« zu finden. Mit der Zeit beginnen wir, Zusammenhänge zu verstehen und immer mehr Einsicht in die

Dynamiken und Funktionsweisen von Gedanken, Gefühlen und Konzepten zu finden. Unterstützt werden diese Untersuchungen und Reflexionen durch die Anleitung von erfahrenen Lehrern, die diese »Landkarten des Bewusstseins« selbst erforscht haben und somit Wegweiser sind.

Herausforderungen bei der Meditation

So einfach, wie es sich anhört, ist es jedoch leider nicht. Setzen wir uns hin und versuchen, geistesgegenwärtig zu sein oder im »Nichtstun« zu ruhen, begegnen wir in der Regel erst mal den sogenannten Hindernissen. Aus Sicht der buddhistischen Praxis sind das folgende fünf Herausforderungen:

- **die Unruhe** oder die Rastlosigkeit,
- **die Trägheit** oder die Langeweile,
- **das Verlangen** oder das Begehrliche,
- **der Widerwille** oder die Abneigungen und
- **der Zweifel** oder die Unsicherheit.

Zunächst gilt es, diese Herausforderungen bei sich selbst zu identifizieren und dann das entsprechende Heilmittel anzuwenden. Die buddhistische Lehrerin Marie Mannschatz beschreibt in ihrem Bestseller »Buddhas Anleitung zum Glücklichsein« genau diese fünf Weisheiten, um diese fünf Hindernisse in Herausforderungen zu wandeln.

Wer voller **Unruhe** ist und sich nicht konzentrieren kann, der übt, sich zu entspannen und geduldiger mit sich und anderen zu werden.

Wer von **Trägheit** erfasst ist und alles gleichgültig und gelangweilt an sich vorbeiziehen lässt, braucht etwas, das Neugier weckt, um wieder Entschlusskraft und Ausdauer zu entwickeln.

Wer sich von unersättlichem **Verlangen** getrieben fühlt und keine Ruhe findet, weil er alles haben will, kann das wahrnehmen, loslassen lernen und sich auf das Einfache konzentrieren.

Wer ständig **Widerwillen** erlebt und alles ablehnt, was nicht seinen Vorstellungen entspricht, dem wird ans Herz gelegt, sich sanft anzunehmen, für körperliche Entspannung zu sorgen und mehr Freude zu entwickeln.

Wer von **Zweifeln** gelähmt ist, sich nicht entscheiden kann und sich in Vergleichen verliert, sollte sein (Selbst-)Vertrauen stärken und sich mehr auf den Körper konzentrieren, denn der Körper kennt keinen Zweifel.

Zu Anfang meiner Meditationspraxis war die Unruhe meine stärkste Herausforderung. Ein Hauptgrund für meine klösterliche Übungspraxis war der Wunsch, diese innere Unruhe besser zu verstehen und Geduld zu lernen. Später war es die Langeweile, mit der ich mich in den stundenlangen Meditationseinheiten und sich ständig wiederholenden Tätigkeiten auseinandersetzte. Ich fand im Kloster also eine Fülle von Gelegenheiten, um mit mir und anderen entspannter und geduldiger zu werden und aus der dumpfen Langeweile immer wieder in die Frische zu finden.

»Lieber koche ich mein Karma, bevor mich das Karma kocht«

Immer wieder haben mich Bekannte gefragt, was ich an der Meditation und dem Klosterleben so anziehend fand, sodass es mich über Jahre immer wieder in diesen herausfordernden Rückzug ins Kloster zog. Diese Frage habe ich mir auch so manches Mal selbst gestellt. Besonders dann, wenn ich morgens so früh aufstehen musste, träge, müde oder lustlos war, der Tagesablauf kaum Freiheit und freie Zeit zu lassen schien oder ich beim Sitzen über Tage intensive Schmerzen im Knie hatte. Da kamen Zweifel auf, Widerstand, auch Ärger über mich selbst. Warum hatte ich mir das bloß »angetan«? So erlebte ich alle fünf Herausforderungen ganz unmittelbar auf allen Ebenen. Ein Wellnessprogramm war das nun wirklich nicht! Von Muße, wie ich sie bis dato verstanden hatte, erst mal keine Spur. Mir blieb aber gar nichts anderes übrig, als dranzubleiben und mich mit den alten Weisheitslehren des Buddha, die ins Glück führen sollten, weiter auseinanderzusetzen. Schließlich wollte ich das Klosterleben auch nicht aufgeben und spürte manchmal, wie sich ganz fein, doch kontinuierlich ein besonderes Glücksgefühl und tiefe Freude ausbreiteten.

Dieses Glücksgefühl unterschied sich klar von der Zufriedenheit, die ich erlebte, wenn ich etwas geschafft oder ein Ziel erreicht hatte. Es war viel subtiler, ein grundlegendes Glück, das nicht durch die Befriedigung meiner Wünsche entstand, sondern von allem unabhängig zu sein schien. Sogar Momente des inneren Widerstands und Zweifels, die immer wieder auftauchten, schienen dieses feine Glück nicht zu stören. Es fühlte sich fast paradox an und genau das nährte meine Neugier und zog mich weiter in diese intensive Selbsterfahrung und Selbstbegegnung.

Mein Lehrer Baker Roshi sagte in einem Talk: »In der Meditation kochen wir unser Karma auf. Entweder wir kochen unser Karma – oder wir werden von ihm gekocht.«

Dieser Satz berührte mich bis ins Mark. Ich wollte mich meinem Karma bewusst stellen (nach dem Gesetz der Kausalität ist es einfach gesagt so, dass jeder Gedanke, jede Handlung eine Wirkung erzeugt, die man in der Zukunft als Konsequenz erlebt). Ich wollte mein Süppchen selbst aufkochen und nicht abwarten, bis ich vom Leben weichgekocht würde. Oft genug hatte ich beobachtet, wie Menschen sich nicht mit den Auslösern und Bedingungen ihrer Krisen auseinandersetzen wollten und erst dann aktiv wurden, wenn die Auswirkungen ihrer früheren Entscheidungen wirklich unangenehm wurden. Das erschien mir schmerzhafter, als mich mutig zu stellen.

Vertrautheit finden

Der Roshi sprach oft über Intimität und Vertrautheit. Beide wurden von ihm immer wieder als das »Ziel« der Praxis dargestellt und auch als Grund, um mit der Praxis fortzufahren. Was war diese Vertrautheit denn bloß?, fragte ich mich, und obwohl ich die Lehren darüber hörte, war es erst die eigene Erfahrung, die mir einen Geschmack davon vermittelte.

Roshi erzählte, dass es in der Praxis in erster Linie darum geht, Intimität mit sich selbst zu erzeugen. Das geschah wirklich – das erlebte ich besonders stark in dem siebentägigen Sesshin (eine Periode intensiver Zen-Meditation), der gegen Ende der Praxisperiode anstand. Der Zeitplan wurde noch mal straffer, es wurde gar nicht mehr gesprochen, wir meditierten länger und auch die Mahlzeiten wurden nun sitzend in der Meditationshalle eingenommen. Das war wirklich intensiv. Während des Sesshins durfte man sich nur waschen, nicht duschen und nicht die Haare waschen, und sollte möglichst auch nicht in den Spiegel schauen. Das war ungewohnt, und ich erlebte, wie meine Vorstellung gar nicht mit der Erfahrung übereinstimmte. Denn der Körper begann gar nicht zu riechen. Wir wuschen uns ja, putzten die Zähne, doch ohne das Duschen hatte ich ein anderes Körpergefühl. Ich fühlte mich in meiner Haut geborgener, sie fühlte sich wie ein zarter Schutzmantel an. Ich war mehr in meinem Körper zu Hause, wie in einem geschützten Kokon. Ich beobachte, wie eine Art Selbstreinigungsprozess der Haut einsetzte. Sie war weicher und regulierte sich von selbst. So fühlte ich mich rein und »naturbelassen«. Ich schnupperte immer mal wieder an mir und wunderte mich, wie gut ich roch, ganz rein und natürlich, ähnlich wie ein Baby, dachte ich.

Trotzdem war die erste Dusche nach dem Sesshin ein Traum. Meine Haut war sensibler und fühlfähiger geworden. Ich spürte so intensiv wie noch nie, wie das warme Wasser mich prickelnd berührte und dass die Haut das riesige Hüllorgan meines Körpers war. Das Kokongefühl, dieses körperliche Geborgenheitsgefühl löste sich durch die Dusche etwas auf, das war fast schade. Nachdem ich wirklich sieben Tage nicht in den Spiegel geschaut hatte, machte ich auch damit eine einsichtsvolle Erfahrung. Mir war bis dahin nicht bewusst, wie sehr ich mein Selbstbild mit meinem Spiegelbild abglich. Normalerweise schaute ich mehrmals am Tag automatisch in den Spiegel und bewertete mein gesehenes Bild dabei. »Wie sehe ich heute aus?« und »Wie geht es mir heute?« Diesen Referenzpunkt hatte ich jetzt nicht mehr gehabt und dadurch wurde mir erst klar, wie sehr ich mein Fühlen von dieser äußerlichen Selbstbewertung abhängig machte. Ohne den Spiegel war ich ganz auf das »in mich Hineinfühlen« angewiesen. Weder der Spiegel noch die anderen Mitpraktizierenden gaben mir ein Feedback. Zurückgeworfen auf mich selbst begann ich mich ganzheitlicher zu fühlen und die Bewertung fiel weg. Wie angenehm! Als ich mich dann nach acht Tagen zum ersten Mal wieder vorsichtig im Spiegel anschaute, war ich fast erschrocken und dann so tief berührt, dass mir die Tränen kamen. Fast unweigerlich sagte ich »Hallo, Nicole!« Ich sah mich ganz anders, viel mitfühlender und sanfter. Fast wie ein Gegenüber. Und dann verschmolz ich mit dem Bild. Mir war bewusst geworden, wie wichtig der Kontakt zu meinem innersten Befinden und Körpergefühl war, und ich wollte mich nicht mehr von meinem Spiegelbild und der eigenen Bewertung abhängig machen.

Roshi sagte zu diesem Thema: »Bevor wir vorgefasste Meinungen, Vorurteile und Erwartungen gehen lassen können, müssen wir diese bemerken. Ansonsten werden wir sie unbewusst in alles hineintragen und alles, was wir tun, beeinflussen.«

Mit Wörtern üben

Wie die meisten Meditationspraktizierenden war ich fest entschlossen, meinen Geist immer weiter in die Gegenwärtigkeit zu bringen. Dies übte ich ganz traditionell in der Meditation, indem ich meine Aufmerksamkeit immer wieder auf jeden einzelnen Atemzug richtete. Auch beim Gehen, Essen und Arbeiten versuchte ich mein Bestes. Mal gelang es mir ganz passabel, die Gedanken wurden weniger, oder zumindest beruhigten sich die Bewegungen des Geistes. Meine stärker werdende Aufmerksamkeitskraft zeigte mir jedoch immer deutlicher, wie oft ich mich immer noch in Gedanken verlor, über zukünftige Ereignisse nachdachte, der Vergangenheit nachhing oder vor mich hin träumte. Richtig entspannend fand ich das nicht, denn ich wollte es anders. Es sollte endlich ruhiger werden!

Doch wie beruhigt man das Jahrzehnte antrainierte Programm des permanenten Denkens? Nur mit Meditation? Ich fragte meinen Lehrer dazu, und er gab mir einen kurzen Übungssatz: »Just now is enough«, übersetzt: »Das Jetzt ist genug.« Er bat mich, diesen Satz bei allem, was ich tat, innerlich zu sagen: beim Gehen, beim Kochen, beim Meditieren, während des gesamten Tages. So sollte es möglich sein, mich selbst immer wieder in die Gegenwart zu bringen. Tatsächlich fand ich diesen Übungssatz sehr hilfreich. Jedes Mal, wenn mir auffiel, dass ich zu grübeln begann, meine Aufmerksamkeit in Träumereien verschwand und ich nicht mehr richtig »da« war, sagte ich »Just now is enough« und sofort war ich wieder präsent.

In den nächsten Jahren erhielt ich von meinem Lehrer eine ganze Reihe von Übungswörtern auf Englisch, die ich auch ins Deutsche übersetzen durfte, wenn mir das passender erschien. Meistens bevorzugte ich den englischen Ausdruck. So übte ich wochenlang zum Beispiel mit: »Arriving« (Ankommen), »Just now« oder »Jetzt«. Die Wörter wurden zum Meditationsobjekt, auf das ich mich konzentrieren konnte.

Solche Wörter, auch »turning words«, also »Wende-Wörter« genannt, richten den Geist in eine neue Richtung aus und unterstützen so das Loslassen von nicht hilfreichen Gedanken und Gestimmtheiten. Mich führten die Übungswörter zunächst mehr in die Gegenwärtigkeit und dann auch in weitere einsichtsvolle Erfahrungen – beispielsweise über die Verbundenheit allen Lebens und die Illusion einer beständigen Ich-Idee, denn das Ziel ist die Erkenntnis der Nichtzweiheit. Über Wochen richtete ich täglich meinen Geist aus, so auf »no self – no other« (»kein Selbst – kein anderer«) oder »already connected« (»bereits verbunden«). Diese Übungspraxis bedurfte zwar einer gewissen Anstrengung und Konsequenz, doch ich fand sie sehr hilfreich. Ich hatte perfekte Erinnerungsstützen und erlebte, wie der Geist und seine Bewegungen durch die geistige Ausrichtung auf die Wörter zur Ruhe kamen, sich veränderten und dann in ein anstrengungsloses Gewahrsein übergingen. Dieses Gewahrsein war ein entspannter, weiter Geisteszustand, den ich als mußevollen Seinszustand erlebte.

Übung: Wörter als Anker für Gegenwärtigkeit

Schaffen Sie sich selbst geistige Erinnerungsstützen, die im Alltag hilfreich sind, um geistig loszulassen, präsenter zu sein und sich mit mußevollen Seinszuständen vertrauter zu machen.

Welche kurzen, einfachen Wörter könnten das für Sie sein? Vielleicht versuchen Sie es einfach mit »Jetzt« oder »Das Jetzt ist genug«. Nehmen Sie sich für eine Woche vor, immer wieder das gewählte Wort zu nutzen, um aus gewohnheitsmäßigen, unnützen Gedankenkreisen auszusteigen und im entspannten Jetzt anzukommen.

Vom Jetzt und der Gegenwärtigkeit

Spätestens seit Eckhart Tolles Bestseller »Jetzt! Die Kraft der Gegenwart« ist einer breiteren Öffentlichkeit bekannt, dass wir Glück und Zufriedenheit nur in der Gegenwart finden können, denn die Vergangenheit ist schon vorbei und die Zukunft noch nicht da. Doch unser Verstand wandert gewohnheitsmäßig zurück zu Erinnerungen aus der Vergangenheit oder eilt voraus in die Zukunft, über die wir uns Sorgen machen. Wir verwenden Energien auf Dinge, die entweder nicht mehr sind oder vielleicht nie eintreffen. Bewusstsein, Gelassenheit und Zufriedenheit können wir aber immer nur im Jetzt finden, denn das gegenwärtige Erleben ist alles, was ist.

Deshalb ist es im Buddhismus so wichtig, mittels Geistesgegenwart oder Achtsamkeit (Pali *»sati«*) das jetzige Erleben zu untersuchen. Mit Achtsamkeit bemerken wir, was geschieht. Wir erinnern uns mittels reflektierender Achtsamkeit, was sinnvoll und heilsam ist. Diese Achtsamkeit wird in der Meditation systematisch geschult. Wir untersuchen vier Bereiche unserer Erfahrungen: körperliche Empfindungen, Grundgefühle und emotionale Reaktionen, Grundstimmungen und Gedanken. Das Ergebnis ist, dass wir mehr mitbekommen, präsenter und fühlender werden. Mit der Zeit entfaltet sich ein offenes Gewahrsein, das aus der Stille eines wirklich ruhigen Geistes erblüht. Das ist ein pures, hellwaches gelöstes Da-Sein.

Der Körper führt ins Jetzt

Im Laufe meiner Meditationspraxis begann ich mich immer mehr auf meinen Körper zu konzentrieren, ich lenkte meine Aufmerksamkeit zum Beispiel ganz auf meine Hände und nahm wahr, was sie taten, anstatt darüber nachzudenken und die Erfahrung gewohnheitsmäßig zu kommentieren. Ich ließ mich seltener von meinen Gedanken in Vorstellungen wegtragen, das Jetzt, das unmittelbare, wache Erleben wurde attraktiver. Das fühlte sich zunächst nüchterner und nicht so bunt an wie die gewohnten Träumereien im Wechsel zwischen Vergangenheit und Zukunft. Doch mit der Zeit drehte sich genau diese Einstellung um. Das Jetzt wurde sogar extrem spannend! Da lag die eigentliche Fülle des Lebens. Ich nutzte das einfache Werkzeug des bewussten Atmens und führte mich selbst immer wieder in das Jetzt zurück. Je intensiver die Meditationspraxis wurde, umso besser gelang es mir. Manchmal war es mühsam, und gleichzeitig entwickelte ich eine große Freude daran. In der Meditationsübung stellte sich immer wieder ein Gefühl von herrlicher Zeitlosigkeit ein.

Ich lernte: Unser Körper verbindet uns mit der Gegenwart auf ganz intensive Weise. Richten wir unsere Aufmerksamkeit auf den Körper, kommen wir direkt im Jetzt an. Das können wir beim Joggen oder auch beim Fahrradfahren bemerken. Dann laufen die Gedanken weiter ab, aber sie treten in den Hintergrund. Konzentrieren wir uns dann noch weiter auf die körperlichen Aktivitäten, kommen wir immer mehr in der Gegenwart an. Dann gibt es Momente von Intimität und Unmittelbarkeit, die mit einem Mal nicht mehr vom Kopf bestimmt werden. Unsere Achtsamkeit »optimiert« sich, weil wir immer feinere Wahrnehmungen mitbekommen. Unser Geist wird wacher, weiter, weicher und sensibler. Wir erleben eine zunehmende Feinfühligkeit und mentale Frische.

Schmerzen und Widerstand

Doch dann kamen die Knieschmerzen. Zu Anfang ging es noch. Am dritten Tag des Sesshins war es dann aber so schlimm, dass ich es kaum aushielt. Die Schmerzen tauchten nur während der Meditation auf und verflüchtigten sich wieder, sobald ich aufstand und mich bewegte. Das war ein klares Anzeichen dafür, dass ich mich nicht verletzt hatte. Es musste sich um eine andere Art Schmerz handeln. Mir half enorm, was Roshi nachmittags beim

Talk sagte: Er nannte diese Art Schmerzen »Phantomschmerzen«, also Schmerzen, die nicht wirklich physisch sind, sondern einen mentalen und emotionalen Ursprung haben. Diese Schmerzen kommen und gehen, setzen sich irgendwo fest und verschwinden auch plötzlich wieder. Im Grunde zeigen sie einen inneren Widerstand, manchmal auch eine Art Festhalten im Körper, was vielleicht von traumatischen Erlebnissen herrührt. Das kann zum Beispiel ein alter Fahrradunfall aus der Kindheit sein, bei dem man auf das Knie gefallen ist. Das ist mir als Kind wirklich öfter passiert. Es gibt sogar sichtbare Narben von den vielen Schürfwunden, die ich dort hatte. Kann es sein, dass diese alten Schmerzen noch in meinem Körper gespeichert sind und nun beim stillen Sitzen wieder herauskommen? Diese neue Sichtweise weckte mein Interesse, und ich begann, meine Schmerzerfahrung genauer zu untersuchen.

Der Roshi schien recht zu haben: Die Schmerzen tauchten nur im linken, früher öfter verletzten Knie auf, nicht im rechten, und sie waren mal da und mal nicht. Sie kamen meistens morgens, am Abend tat das Knie oft nicht weh, obwohl ich auch fünfzig Minuten saß. Das war schon seltsam. Trotzdem waren die Schmerzen ganz real. Sie zogen durch meinen ganzen Körper, fesselten meine Aufmerksamkeit. Ich spürte den Widerstand gegen den Schmerz, wollte Erleichterung und bemerkte den Impuls, mich zu bewegen. Doch genau das vereitelt die Meditationspraxis: die Bewegung und das Weglaufen. Ich stellte mich also meinem Schmerz. Ich begegnete ihm. Das war eine neue Erfahrung für mich. Die Begegnung mit dem Unangenehmen, meinem Schmerz, wurde zu einer Praxisübung. Ich begann, den Schmerz näher zu untersuchen, anstatt mich abzuwenden und ihm entkommen zu wollen. Ich erlebte, wie vielfältig er ist. Mal stechend, mal klopfend, mal heiß, mal flächig und sich ausdehnend und manchmal auch nur ganz lokal, so groß wie die Kniescheibe. Richtete ich meine Aufmerksamkeit auf meinen Atem, dann löste ich mich von der Schmerzempfindung, die zuvor so dominant war. Mal war der Schmerz sehr deutlich im Vordergrund, und dann konnte ich wieder minutenlang meinen Atem wahrnehmen, und der Schmerz fühlte sich nicht so wichtig an. Durch die willentlich gelenkte Aufmerksamkeit konnte ich mein Bewusstsein wie den Lichtstrahl einer Taschenlampe auf das richten, was ich wollte. So erkannte ich, dass mein Körper zwar schmerzte, doch mein Geist davon fast unberührt war. Mit wem wollte ich mich nun identifizieren? Mit dem schmerzenden Körper oder dem Bewusstsein, das den Schmerz, aber auch den Atem, das Sehen, das Hören, alle Körperempfindungen wahrnahm? Diese Perspektive auf das Geschehen war wohl das, was Roshi nachmittags bei dem Talk meinte: »Irgendwann bildet sich bei der Praxis ein ›fresh transparent mind/conciousness‹, ein frischer, transparenter Geist/Bewusstsein aus, und die Identifizierung mit dem Körper hört auf.«

Manchmal wurden die Schmerzen so stark, dass ich es nicht mehr ertragen konnte. Aber aufgeben wollte ich auch nicht. Also machte ich weiter und ließ mich auf diesen intensiven Erfahrungsprozess ein. In gewisser Weise ließ ich mich damit sogar auf das Sterben ein, das finale Loslassen meines Widerstandes gegen den Schmerz. Auch das hatte der Roshi einmal während eines Talks erwähnt: Bei der Meditation bereiten wir uns auf das Sterben im Sinne des letztendlichen Loslassens vor.

Ich fokussierte mich also wie gewohnt auf den Atem und ließ mich weiter ein. Die Schmerzen begleiteten mich während der gesamten intensiven Meditationsperiode, dem siebentägigen Sesshin, doch ich lernte, sie sein zu lassen, ihnen zu begegnen und mich sogar damit anzufreunden. Diese Erfahrung empfand ich als besonders erweiternd und befreiend. Ich hatte durch die Untersuchung meiner eigenen Erfahrung viel gelernt und bemerkte, dass sogar ein Bezug zur Muße bestand, denn es gelang mir manchmal, mich diesem Schmerz ganz hinzugeben.

Muße und Hingabe

Muße ist nicht nur unter genussvollen, entspannten Bedingungen erfahrbar. Wenn wir den Raum zwischen Haben-Wollen und Nicht-Haben-Wollen finden und die gegenwärtige Erfahrung so annehmen, wie sie gerade ist, dann entsteht ein Gefühl von Lassen und damit innere Freiheit. Und so kann Muße auch durchaus im Tun, bei Anstrengung, während eines Schmerzes oder sogar unter unangenehmen Bedingungen erlebt werden.

Wer mit Meditation noch keine Erfahrung hat, kann sich das vielleicht nicht gleich vorstellen. Doch es ist vergleichbar mit einem Menschen, der mit ganzer Hingabe zum Beispiel eine Sportart betreibt oder Musik macht. Ein Marathonläufer oder Bergsteiger kommt immer wieder an seine Grenzen, auch an seine Schmerzgrenzen. Diese können jedoch, wenn er sie annimmt, in einen offeneren Bewusstseinszustand führen. Wie die Meditationspraxis erfordern auch solche Tätigkeiten neben gründlicher Vorbereitung einen klaren Entschluss und viel Übungspraxis. Wir setzen uns dabei intensiv mit uns selbst auseinander. Geben wir uns einer Sache ganz hin, hält sie Geschenke für uns bereit. Wir können eine neue Einstellung zu Schmerz, Langeweile, Zweifel oder Widerstand entdecken und entwickeln ein Verständnis, das auf erlebtem Wissen basiert.

Flow-Erfahrungen

Beim Putzen, der morgendlichen Rezitation des Herz-Sutras und während der Meditation hatte ich durch meine Hingabe bereits viele Momente des Flows erlebt. Diese köstlichen Augenblicke kamen oft unvermutet und lösten sich schnell wieder auf. Zunächst erlebte ich diesen Flow also als Inselerfahrung: Der Klosteralltag fühlte sich als Ganzes eher herausfordernd an. Doch dann tauchten diese Inseln der Freude und des Genusses auf. Das schenkte mir immer wieder Kraft und weckte meine Neugier, aber auch mein Verlangen. Ich wollte mehr von diesen Zuständen. Dann wäre doch alles viel einfacher. Von wegen – gerade das Verlangen danach vereitelte den Erfolg. Doch mit der immer schärfer werdenden Achtsamkeit konnte ich besser beobachten, wann dieser Flow auftrat. Interessanterweise trat er meistens dann ein, wenn ich aufhörte, danach zu suchen oder ihn herbeiführen zu wollen. Auch den Roshi befragte ich dazu: Der Schlüssel sei die vertiefte Konzentration auf eine Sache und das Loslassen. Er riet mir, mich im Laufe des Tages immer wieder zu fragen, ob ich etwas mit ganzem Herzen tue. Ich sollte mich ganz in das direkte, unmittelbare Tun hineinwerfen, nicht darüber grübeln oder nachdenken.

Dieser besondere Flow wurde mir beim morgendlichen Aufstehen ein treuer Begleiter. Denn jeden Morgen, besser gesagt mitten in der Nacht um halb vier hörten wir alle den unüberhörbaren Gong zum Wecken. Dieser wiederholte sich in einem Intervall bis fünf vor vier. Da mussten wir alle frisch gewaschen, die Zähne geputzt und angezogen in der Meditationshalle erscheinen. Zu Anfang hatte ich einen regelrechten inneren Kampf mit dem frühen Aufstehen, besonders die ersten Minuten waren schrecklich. So gern wäre ich so manches Mal noch länger im Bett geblieben. Ich begann, die vom Roshi empfohlene direkte Handlung wörtlich zu nehmen. Sobald ich den ersten Weckgong hörte, verließ ich das Bett, ohne darüber nachzudenken. Ich gab dem grübelnden und widerständigen Geist gar keine Gelegenheit, sich auszudehnen. Damit gab es keinen Widerstand und auch nichts mehr, was überhaupt losgelassen werden musste. Und tatsächlich: Von da an hatte ich keine Probleme mehr mit dem Aufstehen. Eine Leichtigkeit und Geschmeidigkeit stellte sich ein.

Dieses Beispiel schien sich auf andere Situationen übertragen zu lassen. Immer wenn ein innerer Widerstand auftauchte, konzentrierte ich mich ganz auf die Handlung, das heißt auf das physische Tun. Ich spürte in meine Hände, die Beine und den Atemrhythmus. Sofort wurde die Energie, die sich ohne klares Eingreifen wie automatisch im Denken und Grübeln verlor, auf das Tun ausgerichtet und dort gebunden. Durch diese neue Ausrichtung auf das direkte Tun fühlte ich mich viel freier und auch gelassener.

Das Paradox von Tun und Nicht-Tun

Das Thema Tun und Nicht-Tun ist eine wichtige Erfahrung auf jedem spirituellen Weg. Es ist ein Paradox, das nicht verstanden, sondern nur erlebt werden kann. Wie ist es also möglich, etwas zu tun und gleichzeitig auch nicht zu tun?

Die langen, manchmal als langweilig empfundenen Meditationseinheiten, in denen nichts »Außergewöhnliches« passierte, wurden durch meine neue Haltung aufgefrischt. Ich entschloss mich, einfach zu tun und nicht darüber nachzudenken, nicht das Für und Wider zu beleuchten, nicht auszuweichen und mich nicht zu ärgern. Natürlich gelang mir das nicht immer, doch immer öfter. Mit der Konzentration auf die Gegenwart wurde es leichter, beschwingter, und mein Zeitgefühl löste sich auf. Ich stellte fest: Diese besondere Präsenz erlebte ich beim Tun, während der Verrichtung der Arbeiten, und ebenso beim Nicht-Tun, also in der Meditation. Eine Art Selbstvergessenheit hatte sich eingestellt.

Eine besonders tiefe Erfahrung machte ich diesbezüglich beim Suppekochen. In meiner dritten Praxisperiode erhielt ich nämlich die ehrenwerte Aufgabe des Fukuten. Das ist die Bezeichnung für den Assistenten des Hauptkochs. Ich war nun für die aufwendige Mittagsmahlzeit zuständig, für die Küchenorganisation und die Vorratshaltung. Im Kloster war das Kochen ein richtiger Job, anstrengend und auch interessant. Der Koch vom legendären ersten vegetarischen Restaurant »Greens« in San Francisco war hier Abt (leitender Mönch) und gleichzeitig einer der hauptverantwortlichen Köche. Er kochte göttlich, und ich hatte mit meinem Küchenjob die hervorragende Gelegenheit, viel zu lernen. Suppe wurde zu jedem Mittagessen gereicht. Das Kochen der Suppe für fast dreißig Personen gehörte in meiner dritten Praxisperiode zu meinen täglichen Aufgaben. Bei der Zubereitung hatte ich ungewohnte Freiheiten. Beim wöchentlichen Essensplan durfte ich mitentscheiden, welche Suppen es gab. Dementsprechend wurde eingekauft. Ich war glücklich, nun etwas persönliche Kreativität einbringen zu können. Ich besorgte mir verschiedene Rezepte, die es im Kloster noch nicht gegeben hatte, und probierte sie aus. So stand ich jeden Mittag für einige Stunden in der Küche und schenkte meine ganze Aufmerksamkeit der Suppenzubereitung. Zu Anfang geriet ich beim Erfüllen meiner Aufgabe so manches Mal ins Schwitzen. War es genug, schmeckte die Suppe gut genug, wurde sie bis zum Mittagessen fertig? Nach und nach wurde ich vertrauter mit den Mengen und Massen, die dafür verarbeitet werden mussten. Mir begann die Arbeit richtig Freude zu machen, obwohl ich vom Riesentöpfe-Heben schon Muskelkater hatte und sich meine Oberarme wie im Fitnessstudio formten. Jeder Handgriff wurde professioneller, und irgendwann blühte ich ganz in dieser Suppenzubereitung auf. Mir fiel auf, dass das wie mit der Meditation war. Zunächst war noch vieles ungewohnt, fast überfordernd, doch dann wurde es leichter und ging wie von selbst. Ähnlich wie beim Autofahren.

Beim Kochen der Suppe wurde mir bewusst, dass ich Verantwortung hatte. Eine zwar kleine, aber klar umrissene Aufgabe im Klosteralltag, wo jeder nichts anderes zu tun hatte, als seine Aufgabe so gut wie möglich zu erfüllen. Ich, die es gewohnt war, viel komplexere Aufgaben im Berufsalltag zu erfüllen, stand also hier am Herd, rührte in drei riesigen Töpfen und schmeckte mit Hingabe die Suppen ab. Wie einfach das Leben doch sein könnte, wenn jeder seine Aufgabe mit Entschiedenheit und Hingabe erfüllen würde. Dann wäre das Zusammenleben überall so leicht wie hier im so durchstrukturierten Klosteralltag.

Mit jedem Tag entspannte ich mich mehr. Ich begann, die wöchentliche Linsensuppe auf unterschiedlichste Weise zuzubereiten. Mal als Thai-Linsensuppe mit Kokosmilch, dann als türkische Linsensuppe und nach dem Rezept meiner Oma auf Rheinische Art. Keiner erwartete das von mir, ich hätte auch jede Woche dieselbe Linsensuppe zubereiten können. Doch so begegnete ich meinem eigenen Anspruch, meinem eigenen Perfektionismus und auch meinem Sinn für Kreativität und hatte völlige Handlungsfreiheit.

Beim Rühren in der Suppe bemerkte ich eines Tages, fast nebenbei, wie ich in meiner Aufgabe aufgeblüht war. Ähnlich wie in den Klosterzeiten zuvor beim Toilettenputzen lernte ich mich in dieser Aufgabe ganz intensiv kennen, erlebte meine Widerstände und auch die Handlungsspielräume. An einem Mittag hatte ich diese besondere Erfahrung. Ich rührte mal wieder in der Suppe, schmeckte ab und war eine ganze Zeit völlig konzentriert und gleichzeitig entspannt gewesen. Ich fühlte mich im Flow. Ein Gefühl von tiefster Erfüllung erfasste mich und Tränen des Glücks liefen mir die Wange herunter. Ich erlebte, wie aus dem Tun ein Seinszustand geworden war, obwohl ich ja etwas tat. Das Tun war mit einem Gefühl des Nicht-Tuns verschmolzen. Ein scheinbares Paradox löste sich auf. Wer tut hier eigentlich etwas? Pures Sein stellte sich ein. Ein Gefühl von »Ich« in der alten Form gab es darin nicht mehr.

Übung: Einfach Sein

Ähnlich wie beim Flow gibt es Momente, in denen wir uns »ganz einfach im Sein« fühlen. Das Denken tritt in den Hintergrund, oft haben wir uns vorher auf etwas konzentriert oder waren in der Natur.

Halten Sie in den nächsten Tagen einmal Ausschau nach solchen kostbaren Erfahrungen. Manchmal bemerken wir erst im Nachhinein, dass wir anstrengungslos präsent waren. Können Sie die »Zutaten« erkennen, die zu so einem Erleben geführt haben?

Rhythmus und Ordnung beruhigen Körper, Herz und Geist

Ich entdeckte noch weitere kleine Edelsteine, die mich innerlich tief berührten, und auch weitere Facetten der Muße und ihrer unterstützenden Faktoren.

Der Tagesablauf wurde auf die Minute genau eingehalten. Fast pedantisch, dachte ich zunächst. Auf dem Gelände gab es nur eine Uhr in der Küche und eine außen am Zendo, wo der Gong und die große Trommel standen. Nur die diensthabenden Schüler, die mit dem Essen oder dem Gong betraut waren, nahmen diese Uhren zu Hilfe. Alle anderen sollten nach Möglichkeit die Armbanduhren ablegen und die Aufmerksamkeit auf das Lauschen richten. Es blieb einem also nichts anderes übrig, als sich abzuschauen, was die erfahrenen Mönche taten, und sich nach den unterschiedlichen Klängen zu richten. Hetze und Stress gab es nicht, weil die Glockenuhren in einem besonderen zeitlichen Intervall schlugen. Schon etwa fünfzehn Minuten vor der Essenszeit gab es einen Gong, dann noch mal ein paar Minuten davor. Jeder konnte sich daran orientieren. Es blieb also immer noch Zeit. Auch das war zunächst ungewohnt und doch wunderschön. Es ist etwas ganz Besonderes, das Zeitgefühl nicht mehr durch den Blick auf die Armbanduhr zu beziehen, sondern über Klänge und Töne. Das Schauen wird zum Lauschen. Die Klanguhr funktionierte perfekt. Alle stimmten sich so auf die Klänge ein, dass es kein Zuspätanfangen oder Zuspätkommen gab. Und genau diese Klarheit wirkte sich sehr entspannend aus. Alles hatte seine Zeit und seinen Platz.

Nicht nur die Klänge strukturierten den Tagesablauf exakt, sondern auch die verschiedenen Meditations-, Studien- und Arbeitszeiten. Eigentlich war der Tag vollgepackt, und ich hatte kaum Zeit zur freien Verfügung. Und doch – ließ ich mich ganz auf die jeweilige Aufgabe und den Zeitplan ein, dann spürte ich den ausgewogenen Rhythmus. Jede Tätigkeit erhielt durch die Strukturiertheit eine klare Bedeutung. Das Meditieren war genauso wichtig wie das Kochen, das Aufräumen, das Studieren, der kleine Spaziergang. Die Tätigkeiten wurden nicht miteinander vermischt oder gleichzeitig getan. Alles sollte die gleiche Aufmerksamkeit bekommen, und dafür wurde es nacheinander getan. Mit gleichem Einsatz, ohne Unterschied durch Vorlieben oder Abneigungen.

Das Leben im Kloster fühlte sich daher sehr geordnet an. Es herrschte überall Ordnung, durch die vielen Helfer und deren einzelne Aufgaben war alles aufgeräumt und sauber und jedes Ding hatte seinen Platz. Nach getaner Arbeit gab es keine To-do-Liste mehr. Auch die bekömmliche und ausgewogene Nahrung unterstützte das Wohlbefinden optimal. All das zusammen fühlte sich ungeheuer entspannend und gesund an. Das wirkte sich vor allem körperlich aus: Ich fühlte mich tagsüber vital, hatte einen erholsamen, tiefen Schlaf, einen gesunden Appetit mit einer guten Verdauungskraft. In der Traditionellen Chinesischen Medizin, kurz TCM, einem der ältesten Heilkundesysteme der Welt, das seit etwa fünftausend Jahren angewandt wird, gelten Vitalität, Schlaf und Verdauung als grundlegende Gesundheitszeichen. Sie schaffen die beste Voraussetzung, um körperlich zu entspannen und auch geistig loslassen zu können. Sie bereiten also den Boden für das Erleben von Muße.

Übung: Struktur und Ordnung im Alltag

Auch Sie können sich fragen, welchen Stellenwert feste Strukturen, Rituale und Ordnung in Ihrem Alltag haben. Vielleicht machen Sie eine kleine Bestandsaufnahme. Gehen Sie im Geiste eine Alltagswoche durch. Welche Gewohnheiten haben Sie im Tages- und Wochenablauf?

- Schauen Sie sich zunächst die Mahlzeiten an, gibt es da Rhythmus und Ordnung?
- Frühstücken Sie jeden Tag? Zur gleichen Zeit? Gibt es Mittagessen, regelmäßiges Abendessen? Früher gab es den Sonntagsbraten oder den Fisch am Freitag oder das späte, gemütliche Frühstück am Sonntag. Welche besonderen Mahlzeiten zelebrieren Sie?
- Welche Alltagsstrukturen geben Ihnen sonst noch Halt und wirken sich positiv auf Ihr Wohlbefinden aus?

Schreiben Sie auf einen Zettel alles auf, was sie gern machen oder sehr schätzen, auch wenn Sie selten oder nicht dazu kommen. Werden Sie sich bewusst, was Ihnen innerlich guttut und was Sie womöglich noch an äußerer Struktur brauchen, um zur Ruhe zu kommen.

Der Geschmack des Glücks

Die Monate im Kloster beglückten mich jedes Jahr zutiefst. Die konzentrierte Aufmerksamkeit auf den Atem in der Meditation und im ganzen Klosteralltag führten mich nicht nur ins Jetzt, in die Geistesgegenwart, sondern immer wieder in ein besonderes Erleben von Leichtigkeit und Flow. Irgendwann erlebte ich kaum noch einen Unterschied zwischen Meditation und Putzen, Kochen, Lesen, Schlafen. Alles bekam »einen Geschmack«, auch »one taste« genannt. Ich fühlte mich zutiefst erfüllt in dieser Art von Sein und Tun. Natürlich begegneten mir immer wieder kleine und größere Widerstände, Schmerzen und Fragen. Doch das Gefühl, so im Fluss zu sein, mich dabei zutiefst gesund und vital zu fühlen, von einem erfahrenen Meister geführt, all das entspannte mich bis ins Allerinnerste und erfüllte mich mit großer Dankbarkeit. Diese Tiefenentspannung ist eine Form der Muße, die sich in einem erfüllten Tun in Gelassenheit und größer werdender innerer Freiheit ausdrückte. Genau das, wonach ich gesucht hatte.

In dieser Zeit hatte ich ein besonderes Erlebnis: Ich stand morgens an der Glocke auf der überdachten Zendo-Veranda. Es war noch dunkel, die Sterne funkelten hell, und der weiße, meterhohe Schnee reflektierte das Licht, wodurch sich ein zauberhafter Glanz auf die Landschaft legte. Ich fühlte eine tiefe innere Ruhe und war völlig gebannt von dieser unberührten Schönheit. Ich stand bewegungslos da und versuchte, mit dem Atem zu fließen. Einatmen, entspannen, ausatmen. Nichts anderes tun, nicht denken, nur atmen. Dann bemerkte ich Bewegungen im Dickicht. Ein riesiger Hirsch und drei Hirschkühe kamen geradewegs auf mich zu. Ich konnte sie in der Morgendämmerung immer besser erkennen. Sie gingen ganz ungestört nur ein paar Meter von meinem Platz auf der Zendo-Veranda vorbei. Die wunderschönen, majestätischen Tiere hatten keine Angst. Anstatt erstarrt den Atem anzuhalten, atmete ich bewusst und entspannt weiter. Ein tiefes Glück erfasste mich, denn ich fühlte mich ganz und gar als Teil der Natur und in Verbundenheit mit den Tieren.

Ich lernte: Das wirklich tiefe Lebensglück entsteht nicht aufgrund äußerer Bedingungen und ist auch kein Zufallsprodukt. Solch ein Glück kann erst durch die Muße als einem Seinszustand aufblühen wie ein inneres Vermögen, ein Schatz, der schon immer vorhanden war.

»Für mich stellen Liebe und Mitgefühl eine allgemeine, eine universelle Religion dar. Man braucht dafür keine Tempel und keine Kirche, ja nicht einmal unbedingt einen Glauben, wenn man einfach nur versucht, ein menschliches Wesen zu sein mit einem warmen Herzen und einem Lächeln, das genügt.«
DALAI LAMA

Innere Muße entwickeln

Ein Kloster ist kein Ort, um die Hängematte aufzuschlagen, in den Tag hineinzuleben und vordergründig die Leichtigkeit des Seins zu genießen. Das Leben dort ist eine Übungsform, bei der Innenschau und Selbsterforschung im Mittelpunkt stehen. Es kann dabei unterstützen, das Verständnis von Muße in vielen Feinheiten zu vertiefen.

Muße kann in diesem Sinne als innerer seelischer, geistiger Raum erfahren werden, in dem die heilsamen Qualitäten des Lebens aufblühen können, wie etwa Freude, Dankbarkeit, Gelassenheit, Geistesgegenwart und Zufriedenheit.

In der Stille und mittels Kontemplation wird deutlicher, wo wir körperlich, geistig und seelisch noch angespannt sind, wie wir uns innerlich hingeben und somit tiefer entspannen können. Wir können erkennen, wie wir innere Haltungen erforschen und durch heilsamere Einstellungen ersetzen können, wie der innere Raum durch Ich-Haftigkeit besetzt ist und wie wir frei und offen wie ein Anfänger werden und uns dem Staunen hingeben können.

Die Mitte finden

»Zen-Meditation ist ein Königsweg für Jedermann und Jedefrau. Er führt in den Urgrund allen Seins, in dem All-Einheit erfahrbar wird. Von dort kehren wir mit Gelassenheit, Klarheit, Urvertrauen und Mitgefühl in den ganz konkreten Alltag zurück.«[17]

ANNA GAMMA, ZEN-MEISTERIN

In den Jahren nach meiner ersten Klostererfahrung pendelte ich, meistens gemeinsam mit Martin, zwischen monatelanger intensiver Meditationspraxis, die mich in einem achtsamen und bewussten Lebensgefühl festigte, und dem Alltag zu Hause mit Beruf, Freunden und Familienthemen.

Der Übergang zwischen intensiver Praxiszeit im Ausland und dem Zuhause war für mich beim ersten Mal eine intensive Erfahrung. Ich verließ das Kloster mit einer sehr geschärften Achtsamkeits- und Wahrnehmungskraft, die mir zunächst gar nicht so bewusst war. Ich nahm viel mehr wahr, und als ich mit Martin mitten im Trubel von Miami Beach abends in einem Restaurant saß, hatte ich zunächst das Gefühl, auf einem anderen Planeten gelandet zu sein. Ich schaute den Autos, den Lichtern, der allgegenwärtigen Hektik zu und erlebte, wie mein Gehirn Mühe hatte, den enormen Fluss von Eindrücken zu verarbeiten. Gleichzeitig war etwas in mir völlig ruhig und ließ sich auch nicht aus dem Gleichgewicht bringen. Martin hatte mich vorgewarnt. Mein Erleben könnte in den ersten Tagen recht seltsam sein. So war es auch, ich brauchte eine Zeit, um mich wieder an die Schnelligkeit und Lautstärke des »normalen« Lebens zu gewöhnen. Ich stellte fest, wie sehr ich die Stille genossen und dass ich ein ganz anderes Seinsgefühl entwickelt hatte.

Wieder zu Hause erschien mir der Alltag erst mal schwieriger als das geordnete Klosterleben. Ich bemerkte, dass sich die meisten Menschen, die mit wenig Präsenz unterwegs waren, kaum bewusst waren, was sie taten und sagten. Mir fiel sehr deutlich auf, wie wenig Aufmerksamkeit und Respekt dadurch zwischen Menschen herrschte, wie viele Missverständnisse entstanden und dass dadurch Stress und Unzufriedenheit gegenwärtig waren. Ich erlebte einen hohen Geräuschpegel mit vielen Worten statt achtsamer Kommunikation und auch Sprachlosigkeit statt heilsamer Stille. All das empfand ich fast als körperlich schmerzhaft. Am stärksten berührte mich, dass sich die meisten Menschen keine Zeit zum Innehalten, zum wachen und freundlichen Da-Sein, für Muße und Achtsamkeit nehmen konnten oder wollten. Und ich fragte mich: Was für ein Ziel, welchen Sinn verfolgen wir Menschen eigentlich? Um was geht es uns in der Tiefe unseres Seins?

Nach einigen Monaten im Kloster und an unserem zweiten winterlichen Praxisplatz in Indien, wo wir uns ursprünglich kennengelernt hatten, wollten wir zu Hause die Übungen und Praktiken weiterführen, die wir im Kloster so sehr schätzten. Dazu gehörte die morgendliche Meditation, direkt nach dem Aufstehen, die achtsame Arbeit im Haushalt, zum Beispiel beim Putzen, und die ausgewogene, bekömmliche Zubereitung der Mahlzeiten. Wir versuchten die Arbeiten zwischen uns aufzuteilen, sodass uns noch Zeit für stilles gemeinsames Lesen von Studientexten blieb, ähnlich wie im Kloster. Die Mahlzeiten nahmen wir schweigend ein, sofern wir allein waren, und genossen dabei Stille und Gegenwärtigkeit beim Essen.

In den ersten Wochen gelang uns der Tagesrhythmus meistens ganz gut. Gern hätten wir noch mehr Zeit für die Meditationspraxis eingeplant, doch Einladungen bei Freunden, Familienfeste oder Termine weichten diese Pläne auf.

Der Berufsalltag stand nun wieder im Vordergrund und unsere strukturierte Praxis musste dem angepasst werden. Als Supervisor war Martin in Weiterbildungen tätig und deswegen etwa zehn Tage pro Monat beruflich unterwegs. Ich arbeitete wieder freiberuflich in Projekten, begann noch eine Weiterbildung und hatte daher ebenfalls einen unregelmäßigen Tagesablauf. Wir stellten fest, wie viel Disziplin und Entschlossenheit es von uns brauchte, um unsere Praxis auch zu Hause in der Tiefe weiterzuführen, die uns wichtig war. Inzwischen hatten wir geheiratet und gemeinsam gelang es uns ganz gut, doch immer wieder sehnte ich mich nach dem Kloster zurück. Die Bedingungen für die Meditationspraxis, für ein achtsames, reflektierendes Leben und sogar für spezielle Muße-Zeiten waren dort einfach hervorragend.

Die Zeit nach der Auszeit

Viele Menschen berichten davon, dass sie bei Seminaren, Retreats und Meditationskursen viel leichter die Kraft der Meditation, mehr innere Ruhe, Gelassenheit und auch erfüllende Muße erleben als zu Hause. Woran liegt das?

Es ist die Gemeinschaft von Gleichgesinnten, die unterstützend wirkt, genauso wie die klare Ausrichtung auf etwas Gemeinsames, das sich verstärkt, wenn mehrere Menschen dasselbe tun. Im Buddhismus nennt man diese Gemeinschaft von Gleichgesinnten »Sangha«. Es fällt leichter, gemeinsam für einige Zeit still zu sein, die Achtsamkeit und Präsenz verstärken sich, und es ist auch einfacher, wenn alle schweigend essen. Zu Hause finden wir diese Bedingungen in der Regel nicht vor, es sei denn, wir richten uns dementsprechend ein. Je nachdem, in welchem Umfeld wir leben, gibt es vielleicht gar keine Stille, keine Rückzugsmöglichkeit, keinen eigenen Platz, wo wir uns ungestört auf einem Kissen, auf einem Stuhl oder im Bett regelmäßig auf die heilsame innere Mitte zurückbesinnen können, um Kraft zu tanken.

Ein weiterer unterstützender Faktor ist die Anleitung durch einen erfahrenen Lehrer / eine Lehrerin oder einen Mentor / eine Mentorin. Es motiviert ungemein, wenn wir wohlwollende Unterstützung erhalten. Auch aus anderen Bereichen kennen wir das, etwa wenn wir eine Fremdsprache oder ein Musikinstrument erlernen. Für die meisten Menschen ist ein Lehrer sehr hilfreich.

Auch meine Erfahrung zeigte mir das regelmäßig: Im Kloster, in der Gemeinschaft der Praktizierenden, fiel es mir selbst viel leichter, alles nacheinander und mit Achtsamkeit zu tun. Dadurch erlebte ich zunehmend mußevolle Momente beim Tun und im Sein. Zu Hause geriet ich jedoch schneller unter Zeitdruck und musste mich anfangs immer wieder erinnern, um wirklich geistesgegenwärtig zu sein und einen beruhigenden Rhythmus aufrechtzuerhalten. Lange dachte ich, das liege an meiner mangelnden Disziplin, und steigerte deshalb unbewusst meinen Anspruch an mich selbst.

Herausforderung: Die Last mit dem eigenen Anspruch

Es gibt Menschen, die mit einem hohen inneren Anspruch durchs Leben gehen. Grundsätzlich ist erst mal nichts falsch daran. Perfektionisten erbringen durch ihre hohen Erwartungen an sich selbst oftmals tolle Leistungen und sind häufig sehr erfolgreich in dem, was sie tun. Doch auch, wenn sie alles schaffen, was sie sich vornehmen, fühlen sie sich oft nicht zufrieden. Sie nehmen ihre Erfolge nicht als solche wahr und können sie auch nicht genießen. Die Messlatte liegt hoch, und die Ansprüche an sich sind grundsätzlich nur schwer zu erreichen. Daher strengt sich ein Perfektionist übermäßig an und läuft dabei seinem eigenen Anspruch hinterher.

Diesen hohen Anspruch an sich selbst gibt es auch unter den Übenden der Achtsamkeits- und Meditationspraxis. Meist orientieren sich diese Praktizierenden an Vorstellungen und Idealen, ohne es zu bemerken. Das Wichtigste, was Perfektionisten lernen müssen, ist, sich selbst anzuerkennen, wie sie gerade jetzt sind. Sie dürfen imperfekt sein und Fehler machen. Sie können lernen, sich von überhöhten Ansprüchen zu verabschieden und den richtigen Maßstab wiederherzustellen. Oftmals gelingt es ihnen erst, mehr Muße zu finden, wenn sie sich mit dieser Herausforderung auseinandergesetzt haben. Ich spreche da aus eigener Erfahrung.

Muße und Müssen

In jeder Art von Anstrengung liegt ein Anspruch von »Sollen und Müssen«. Der Imperativ »Du sollst« oder »Du musst« führt bei den meisten Menschen zu einer Form von Widerstand oder Trotz, bei einigen auch zu Ängstlichkeit und Anspannung. Beide Reaktionsweisen führen in eine Sackgasse, denn sie verursachen in uns ein Gefühl der Fremdbestimmtheit, das Muße verhindert. Im Müssen lässt sich die Muße nicht erleben, da wir so nicht in unsere eigene Mitte finden. Der Duft der Muße verströmt sich von einem offenen, warmherzigen, entspannten Sein. Um diesen Zustand zu erfahren, brauchen wir Bereitwilligkeit und Loslassen statt Zielstrebigkeit und Leistungsorientierung. In der Regel ordnen wir all unser Handeln einem Zweck unter. In der Muße fällt dieses Müssen weg. Wir erlauben uns das wunderbare Gefühl, nichts leisten oder erreichen zu müssen. Wir dürfen einfach sein.

Reflexion: Das richtige Maß finden

Befragen Sie sich selbst und werden Sie sich ihrer eigenen Ansprüche bewusst:

- Wie oft sage ich »Ich soll ...«, »Ich muss ...« oder »Du sollst ...«, »Du musst ...«?
- Was könnte ich tun, um mich öfter selbst anzuerkennen?
- Welche (übertriebenen) Erwartungen an mich und andere kann ich loslassen?
- Was in meinem Leben braucht eine neue Balance?

Zurück zur Mitte

Muße ist unabdingbar, um die eigene Mitte zu finden und sie zu stärken. Wir brauchen dafür Zeit für Besinnung und Reflexion, die nicht ziel- und erfolgsgebunden ist. In dieser Haltung können wir zur Ruhe kommen, unseren inneren Raum und die Stille erleben. Mit dieser Beruhigung können wir ausloten und spüren, wo wir sind. Vielleicht erkennen wir, dass wir zu extrem in eine Richtung unterwegs waren, zu weit links oder rechts auf dem Weg. Vielleicht sind wir in Routinen und nicht hilfreichen Gewohnheiten gelandet, dann braucht es die Bereitschaft, Gewohntes zu verändern, Andersartiges zuzulassen und Neues auszuprobieren. Die Muße schafft den Raum, wieder mit dem in Kontakt zu kommen, was uns innerlich berührt, wohin es uns zieht und wohin die nächsten Schritte führen könnten. Wenn wir bemerken, dass sich innerlich Druck, Anspannung und Stress aufbauen, dann ist dies ein Zeichen, dass wir die Mitte verlieren. Dann braucht es ein balancierendes Element, einen Raum zum Innehalten, Momente des Nichtstuns, Erfahrungen des einfachen Seins. Die Muße kann dieses balancierende Element sein. Auch die Meditation wird manchmal als »Sitzen in der eigenen Mitte« bezeichnet.

Die Muße-Zeiten und die innere Haltung der Muße ermöglichen uns zudem wertvolle Erfahrungen von Anspruchslosigkeit und dem Loslassen von Vergleichen. Wir öffnen uns wieder für die Vielfalt der unterschiedlichen menschlichen Entwicklungswege. Gelassenheit entsteht, wenn wir lassen können. Wir tun etwas nicht und lassen es sein, wir verzichten auf innere Aufruhr und Kampf, wo wir nichts ändern können, und setzen uns dort ein, wo wir einen Beitrag zur sinnvollen Veränderung leisten können. Wenn wir mehr Muße ins Leben bringen, erhalten die wunderbaren menschlichen Qualitäten wie beispielsweise Leichtigkeit und Humor den perfekten Nährboden für ihre weitere Entfaltung.

> *»Das Glück besteht darin, in dem zu Maßlosigkeit neigenden Leben das rechte Maß zu finden.«*
> LEONARDO DA VINCI

Ein anderer Weg in die Muße

Für viele Menschen kommt eine Klostererfahrung nicht infrage. Das muss sie auch nicht. Für meine Zwillingsschwester war ein Rückzug in ein Kloster mit all den besonderen Übungs- und Erfahrungseinheiten keine Option. Sie fand das viel zu streng, außerdem interessierte es sie nicht, es entsprach schlicht nicht ihren Bedürfnissen – obwohl man annehmen könnte, gerade bei eineiigen Zwillingen lägen die Bedürfnisse ähnlich. Doch jeder Mensch hat einen eigenen inneren Entwicklungsweg, und wie wir ihn gehen, ist sehr individuell.

Meine Schwester wählte einen anderen Weg und interessierte sich einfach nicht für die buddhistische Philosophie, die mir so viel Wegweisung schenkte. Durch den intensiven Austausch mit ihr durfte ich erkennen, dass sich Essenzen der klösterlichen Erfahrungen auch im »normalen« Alltagsleben eines jeden wiederfinden können.

Meine Schwester gönnte sich auch Auszeiten und Freiraum. Während ich im Kloster weilte, wechselte sie ihren herausfordernden Job und begann, in Teilzeit zu arbeiten, nur noch sechs Stunden pro Tag statt acht bis zehn. Sie nahm die finanziellen Einbußen gern in Kauf, weil sie die neue Lebensqualität durch mehr freie Zeit schätzte. Sie fuhr jetzt mit dem Fahrrad zur Arbeit und liebte es, bereits ab fünfzehn Uhr frei zu haben. Sie gönnte sich regelmäßig eine Stunde der Entspannung in ihrem Lieblingscafé, ging in die Natur oder widmete sich dem Tanzen. Diese »geschenkte« Zeit war ihr heilig. Daraus schöpfte sie Regenerationskraft und viel Lebensfreude. Auch sie lernte, sich besser zu verstehen, fand Unterstützung in Kursen, um hinderliche Gewohnheiten und Ansprüche aufzulösen. Sie lernte vor allem über die intensive Auseinandersetzung mit dem Körper – durch Bewegung, Tanzen, Stimme und Atemarbeit. Sie erforschte unter Anleitung auch, wie sie zu mehr Hingabe, Durchlässigkeit und in eine tiefere körperliche Entspannung finden konnte. Auch das sind Formen, die in ein mußevolles Dasein führen können.

Muße und Leichtigkeit

Die meisten Menschen verbinden Muße mit einem Gefühl von Leichtigkeit. In diesem Zustand haben wir keine Sorgen, fühlen uns nicht bedrängt, weder äußerlich noch innerlich. Leichtigkeit entsteht, wenn das eigene Wollen zurücktritt und wir einverstanden sind, wenn wir zulassen, was geschieht, ohne Widerstand. Wir kennen diese Erfahrung vom Spielen, wenn wir nichts erreichen wollen, sondern um des Spielens willen spielen. Leichtigkeit zeigt sich innerlich als Flexibilität und Geschmeidigkeit des Geistes.

Wenn wir die aufscheinende Selbstbezogenheit, das Ich-Gefühl untersuchen, dann stellen wir fest, dass es gar nicht so solide ist, wie wir vielleicht geglaubt haben. Eigentlich steht es uns eher im Weg, und genau das macht uns das Leben schwer. Wir können unser Ich-Gefühl hinterfragen. Denn jeder erlebt auf ganz natürliche Weise, wie sich Nacht für Nacht im Schlaf das Ich-Gefühl oder die Identität auflösen und am Morgen wieder zusammensetzen. Genau dieser Prozess wird in der Meditation genauer untersucht. Die Beschäftigung mit diesem erstaunlichen Vorgang kann unter fachkundiger Anleitung zu sehr befreienden Erfahrungen führen. Wir können daraus lernen, uns selbst nicht mehr so ernst zu nehmen. Wir wissen zwar, dass wir ein Ich-Gefühl brauchen, um zu kommunizieren und im Alltag zu bestehen, doch wir erleben auch, dass wir viel mehr als das sind. Diese Erkenntnisse führen in weitere Dimensionen von Leichtigkeit.

Die Sehnsucht nach Leichtigkeit

Mir selbst wurden mein eigener hoher Anspruch und meine gleichzeitige Sehnsucht nach mehr Leichtigkeit erst in aller Deutlichkeit bewusst, als ich in Indien den britischen Lehrer Christopher Titmuss kennenlernte.

Von Christopher hatte ich schon vor dem ersten persönlichen Treffen einiges gehört. Er ist ein bekannter weltweit tätiger buddhistischer Lehrer und war in den Siebzigerjahren Mönch in Thailand und Indien. Dann ging er nach England zurück, wurde Mitbegründer des Retreatzentrums Gaia House, schrieb fünfzehn Bücher und unterrichtete seit 1975 auf vier Kontinenten. Jedes Jahr lehrte er unter anderem zwei Monate in Indien Vipassana (Einsichtsmeditation). Ich hörte, dass er besonders humorvoll sei und aufgrund seiner Weisheit sowie seines alltagsbezogenen sozialen und politischen Engagements sehr geschätzt. Das weckte mein Interesse, und ich meldete mich für ein Retreat in der Nähe von Varanasi am heiligen Fluss Ganges an und reiste allein dorthin.

Ich hatte noch keine Unterkunft, alle Schlafplätze im Kloster, in dem das Retreat stattfand, waren bereits vergeben. So machte ich mich auf die Suche und fand schließlich ein einfaches Zimmer in einem Gästehaus etwa zwei Kilometer vom Kloster entfernt. Über meinem Zimmer gab es eine Dachterrasse, auf der ich meine Wäsche waschen konnte. Das tat ich dann auch, bevor das Retreat am nächsten Tag beginnen sollte. Auf dem Dach war bereits ein weißhaariger Herr damit beschäftigt, seine Wäsche zum Trocknen aufzuhängen. Es war Christopher. Wir wohnten also »zufällig« im selben Gästehaus. Was für eine Überraschung für mich!

Christopher als Person ist eine Wohltat. Er hat etwas sehr Humorvolles und Unkonventionelles. Anstatt im Kloster zu bleiben, zog er es bei diesem Studien-Retreat vor, etwas außerhalb zu wohnen und am Familienleben seiner alten indischen Freunde teilzunehmen. Für die zwei Kilometer Strecke zum Thai-Kloster nahm er keine Rikscha, ein von einer Person gezogenes zweirädriges Beförderungsmittel, sondern fuhr Fahrrad. Er ermunterte mich, mir auch ein Fahrrad zu leihen. In Indien Fahrrad zu fahren war ein kleines Abenteuer, und es machte riesigen Spaß, mit Christopher morgens und abends die staubige Straße zum Tempel zu radeln. Im Kontakt mit ihm war ich am Anfang noch etwas verhalten, sagte nicht viel, schwieg und versuchte, ganz achtsam zu sein. Doch Christopher riss mich mit seiner Lebensfreude richtiggehend mit. Da gab es kein bedächtiges Innehalten, sondern Spaß und Lachen.

Während des Retreats war Schweigen angesagt, und seine Lehrergruppe gab sehr genaue Meditationsanleitungen. Jeden Nachmittag konnten sich die etwa achtzig Teilnehmer des Retreats in Kleingruppen zu Studienkreisen zusammenfinden. Diese Studiengruppen wurden jeweils von einem Lehrer moderiert und befassten sich mit einer Lehrrede des Buddha, einer detaillierten Erklärung und dem Austausch über die Anwendung im Alltag. Diese Art des Austauschs gab es im Zen-Kloster in den Rocky Mountains nicht. Und jetzt merkte ich, wie sehr ich diese freiere und offenere Art des Studiums vermisst hatte. Ich sprach mit Christopher darüber, der mich ermunterte, meinem Herzen weiter zu folgen.

Nach dem Retreat fuhr ich zurück nach Goa in unser Häuschen, was seit unserem Kennenlernen unser Rückzugsort und ein hervorragender Studienplatz neben dem Kloster in Amerika geworden war. Dort sprach ich mit meinem Mann und erzählte ihm voller Begeisterung von dieser andersartigen, freieren Präsentation der Weisheitslehren, von denen ich einen Geschmack erhalten hatte. Wir entschlossen uns kurzfristig, an Christophers Training in Deutschland teilzunehmen. So sah ich Christopher schon sechs Wochen später wieder, und auch Martin war begeistert von der Art, wie er die buddhistischen Lehren vermittelte.

Die Praxis mit Christopher war für uns »streng« Praktizierende sehr erfrischend. Obwohl seine Retreats auch sehr strukturiert abliefen, waren sie von der strengen Ordnung eines Zen-Klosters weit entfernt. Schon am ersten Abend unseres Trainings brachte er nach kurzer Zeit alle Teilnehmer zum Lachen oder zumindest zum Lächeln, indem er kleine persönliche Anekdoten in die tiefsinnigen Themen hineinbrachte. Er lachte oft über sich selbst und stellte alles, was auf fixierte Standpunkte hinwies, in seiner auflockernden Art infrage. An einem Abend fragte ihn jemand, wie lange er denn schon Buddhist sei. Christopher antwortete zu unserem Erstaunen: »Ich bin kein Buddhist. Der Buddha war auch kein Buddhist. Alles, was religiösen Buddhismus bedeutet, so wie ich ihn in Thailand im Kloster erlebte, habe ich hinter mir gelassen, als ich die Mönchsrobe abgelegt habe und wieder in den Westen zurückging.«

Manchmal konnte man Christopher für etwas schusselig halten, weil er regelmäßig am Aufnahmegerät die falsche Taste drückte oder mal wieder vergessen hatte, die Akkus aufzuladen. Gerade dieses Nicht-Perfekte brachte die Leichtigkeit hinein. Mit didaktisch exzellenten Vorträgen und einer brillanten Gesprächsführung bei öffentlichen Fragerunden zeigte er den Schatz der jahrzehntelangen Erfahrung auf seine Weise.

•

Ein unproblematisches Leben

Mit Christopher als Lehrer konnte man sich richtig entspannen. Er sagte regelmäßig: »Life can be really unproblematic« (»Das Leben kann ganz einfach sein.«) Ich gehörte zu denen, die eher schmunzelten, als laut zu lachen, und merkte, wie verhalten ich manchmal war. Genau darüber sprach ich mit Christopher, als wir ihn nach einem Training zum Bahnhof brachten und noch einen Kaffee zusammen tranken. Er meinte, ich solle nicht so »serious« sein, nicht so ernsthaft an die Meditation und die Lehren herangehen.

Die Retreaterfahrung bei ihm im Vergleich zum jahrelangen Zen-Training waren auch extrem anders. Beides hatte seine Schönheit. Während das Zen-Kloster als monastische Übungsform eine feine innere Schulung ermöglichte und besonderen Wert auf Rituale legte, erlebte ich mit Christopher eine mehr alltagsbezogene Übungsform mit einzelnen Retreats, Trainings und viel mehr persönlichem Austausch. Während ich mit dem Zen-Lehrer Baker Roshi eine klare Lehrer-Schüler-Verbindung hatte, hierarchisch, mit einem gewissen respektvollen Abstand, zeigte Christopher gegenüber seinen Studenten eine andere Haltung. Er bezeichnete sich als Dharma-Freund, als Kalayana Mitra, das bedeutet »spiritueller Freund« oder »edler Mentor«, der andere mit seiner Erfahrung unterstützt. Die Freundschaft steht im Vordergrund. Auch wenn ganz klar ist, dass er der Lehrer ist und die anderen die

Studenten, fördert er von vornherein deren eigene innere Weisheit und Selbstständigkeit. Als der Buddha diese Mentorenrolle beschrieb, sprach er von einem Raum gegenseitiger Ehrlichkeit und Offenheit, einer Beziehung auf Augenhöhe. Auch diese Sichtweise gefiel mir. Martin und ich entschlossen uns, zunächst in beiden buddhistischen Traditionen zu praktizieren. Zen-Buddhismus im Kloster und Vipassana (Einsichtsmeditation) mit Christopher in Indien und in Deutschland. Ich schrieb Baker Roshi einen Brief und teilte mit ihm, was in mir vorging, und erhielt eine sehr wohlwollende, verständnisvolle Antwort.

Einsichtsmeditation

Vipassana, wörtlich »Klarblick« oder »Einsicht«, ist eine traditionelle Schule des Buddhismus und hat sich im Laufe der Geschichte besonders in Thailand, Burma, Sri Lanka und Indien verbreitet. Heute ist Vipassana im Westen vor allem durch ihre Achtsamkeitspraxis bekannt. Achtsamkeit ist das grundlegende Werkzeug, das Fundament, das wir in der Meditation kultivieren. Wir lernen, ruhig zu verweilen und die Aufmerksamkeit auf ein gewähltes Objekt zu richten und zu vertiefen. Das ermöglicht eine stetige, freundliche, nichtwertende geistige Haltung allen Erfahrungen gegenüber. Mit geschärfter Achtsamkeit schauen wir genauer hin und verstehen, was uns Stress, Unzufriedenheit, inneren Druck, auch »Leiden« genannt, verursacht und wie wir inmitten des Lebens innerlich frei werden können. Das Vipassana-Training ist ein Erkenntnisweg, um unsere Unklarheiten, auch »Verblendungen« genannt, aufzulösen. Sie umfasst drei Bereiche: 1. Studium des Geistes und Verständnis der Zusammenhänge (Weisheitsschulung), 2. eine differenzierte Achtsamkeits- und Meditationspraxis (Geistesschulung) und 3. ein verantwortungs- und sinnvolles Verhalten im täglichen Leben (ethische Schulung).

Die Wirkungen der Einsichtsmeditation zeigen sich, indem wir aktiv unsere Lebensbedingungen harmonischer gestalten, einen Beitrag für erfüllte Beziehungen leisten und auf natürliche Weise Zufriedenheit in unserem Leben und mit unseren Mitmenschen entstehen lassen. Einsichtsmeditation wird in vier Körperhaltungen geübt, im Sitzen, langsamen Gehen, Stehen und Liegen, schließlich auch in allen Bereichen unseres Alltages. Die Vipassana-Praxis und das Erreichen ihrer Ziele sind grundsätzlich an keine religiöse Form gebunden. Einsichtsmeditation schult also unsere innere Weisheit, den klaren Blick, der uns von unserer Selbstbezogenheit (Egoismus) löst und aus unseren Verstrickungen befreit.

Mit Leichtigkeit leben

Der freundschaftliche Kontakt mit Christopher vertiefte sich. Wenn ich nicht an einem Retreat teilnahm, dann schrieb ich ihm E-Mails, und er antwortete prompt mit Hinweisen zu Texten, kleinen Übungen und befragte mich zu meinen Fortschritten in der Meditationspraxis und in meinem Verständnis. Ich konnte ihn alles so unkompliziert fragen, wie es im Zen-Kontext nicht möglich war. Bald hatten wir fast täglich Kontakt, und meine Fragen wurden nicht weniger, sondern mehr. Mich hatte es gepackt, meine Wissbegierde war entfacht.

Mir fiel besonders auf, wie entspannt und locker Christopher selbst war. Nichts schien ihn aus der Fassung zu bringen, in alles brachte er eine klare und humorvolle, erleichternde Brise. Fast immer hatte er ein ansteckendes Lächeln um die Mundwinkel herum. Alle noch so schwierigen alltagsbezogenen Fragen und Anliegen, die Teilnehmer bei Retreats abends auch öffentlich stellen konnten, hinterfragte er geschickt mit weiteren Fragen, bis die Leute selbst zu hilfreichen Einsichten kamen. Es war oft erstaunlich, wie sich die Gesichtszüge der Fragestellenden änderten. Sie fühlten sich sichtlich erleichtert, wenn sie mehr über die Ursachen und Zusammenhänge ihrer Krisen oder Ängste erkannten und auch schrittweise Lösungsmöglichkeiten entdeckten. Christopher selbst sagte dazu immer: »Jedes Drama können wir mit dem Dharma (die Lehren des Buddha) verwandeln.« Immer fragte er die Teilnehmer in diesem Kontext: »What do I need to see? What do I need to understand? What do I need to change?« (Was muss ich erkennen? Was muss ich verstehen? Was muss ich ändern?«) Auf diese Weise wurde jedem deutlich, dass ein Perspektivwechsel Klarheit verschaffen und auch notwendige nächste Schritte erkennbar machen konnte. Denn weiter unter den Dramen leiden wollte keiner ... Ich jedenfalls konnte sehr viel von ihm lernen und fühlte mich in seiner Gegenwart einfach wohl. Mir wurde klar, wie sehr ich mich selbst nach dieser Leichtigkeit sehnte, die ich in ihm sah. Oft hatte ich das Gefühl, sie sprang einfach über, wenn ich mit ihm in Kontakt war.

Ein paar Monate später verbrachte ich wieder einen Praxismonat mit Martin gemeinsam im Zen-Kloster, diesmal in Deutschland. Nachdem ich zuvor so viel Zeit mit Christopher auf Retreats verbracht und seine offene Lehrform besonders zu schätzen gelernt hatte, empfand ich die klösterliche Zen-Praxis in puncto Leichtigkeit gar nicht mehr förderlich. Zumindest für mich.

Durch Christopher hatte ich noch einen weiteren unterstützenden Aspekt der Muße kennengelernt: den Humor. Früher dachte ich, Humor hat man oder eben nicht. Inzwischen hat sich meine Meinung geändert. Menschen, die eher ernsthaft wirken, es schwer haben, über sich selbst zu lachen, können durchaus lernen, Humor und Witz zu entwickeln. Wir können unserem Sinn für Humor auf die Sprünge helfen, am besten dadurch, dass wir uns selbst und die Gesetzmäßigkeiten des Lebens näher untersuchen.

Muße und Humor

Humor ist ein Ausdruck von Leichtigkeit, durch die man das schöpferische und verrückte Spiel des Lebens mit Freude betrachtet. Wirklicher Humor entspringt einem freien Geist, der sich allem Erleben mit freundlichem Staunen zuwenden kann. Dieser Humor kann sich entwickeln, wenn wir unsere automatisch ablaufenden Verhaltensmuster besser kennenlernen und durch geschulte Achtsamkeit immer früher erfassen, wenn sie aktiv werden. Dann bekommen wir mit, welche Top-Five-Gedankenschleifen in uns ablaufen, welche Hauptkommentare wir zu verschiedenen Themen haben. Wir erkennen unsere eingeschliffenen Gewohnheiten und können mit entsprechender Übung alte Denkmuster durch sinnvollere ersetzen. Die Geschichten, die Dramen und Komödien, die das Leben schreibt, werden mit zunehmendem Abstand betrachtet, ohne den mitfühlenden Kontakt dazu zu verlieren. Humor macht uns innerlich weicher, durchlässiger und herzlicher. Eine humorvolle, leichte innere Haltung bildet einen hervorragenden Nährboden für die Muße. Sie zeichnet sich dann durch einen weiten inneren Raum aus. In diesem Raum hat alles Platz. Selbst unser Scheitern und das ungeschickte Stolpern auf unserem Weg kann Anlass zur Heiterkeit geben.

Reflexion: Mein Humor

Befragen Sie sich selbst:

- Worüber kann ich lachen?
- Was bringt mich zum Lächeln und lässt meine Augen strahlen?
- Mit welchen Menschen lache ich am liebsten?

Betrachten Sie irgendeine Situation und finden Sie die humorvollen Aspekte darin.

Krisen und Herausforderungen

»So ist das im Leben: Wenn sich eine Tür schließt,
öffnet sich eine andere. Die Tragik liegt darin,
dass wir nach der geschlossenen Tür blicken,
nicht nach der offenen.«
ANDRÉ GIDE

Stürme – wenn alles zusammenbricht

Was geschieht eigentlich mit der Achtsamkeits- und Meditationspraxis in turbulenten Zeiten und schwierigen Lebenssituationen? Können wir noch innehalten, meditieren und zur Ruhe kommen, wenn ein Sturm alles durcheinanderbringt und nichts mehr so ist wie vorher?

Als mich solch ein Sturm ergriff, hat sich mein Leben für einige Zeit ganz auf den Kopf gestellt. Ich fand weder äußere noch innere Ruhe und konnte kaum etwas konzentriert und mit Hingabe tun. Auslöser war eine große Ehekrise. Martin hatte eine andere Frau kennengelernt. Diese Situation und der ganze Prozess damit waren sehr schmerzhaft für mich. Ich versuchte, mich in der Meditation zu beruhigen, die Gedanken und heftigen Gefühle zur Ruhe zu bringen oder einfach ziehen zu lassen. Es gelang mir kaum. Auf dem Kissen zu sitzen war schwierig und nicht fruchtbar. Ich fühlte mich roh, traurig, verletzt, ärgerlich, wütend, zutiefst enttäuscht, eifersüchtig. Diese Emotionen drehten sich in mir wie ein Karussell. Mich auf den Augenblick, auf das Jetzt zu konzentrieren, ruhig zu atmen, an Heilsames zu denken, gelang mir fast nicht in dieser akuten Zeit.

Ich erlebte, wie sich Leid und Unglücklichsein anfühlen. Ich wollte das nicht so haben, wie es war, wehrte mich gegen die Tatsachen, kämpfte mit mir und versuchte Klarheit zu finden.

Jetzt auseinanderzugehen würde Scheitern und Enttäuschung bedeuten. Das war schmerzlich. Und so versuchte ich alles, um die Ehe zu retten, und hielt für eine ganze Zeit an meinen Hoffnungen, Vorstellungen und Wünschen fest. Der Austausch mit Christopher über meinen Schmerz tat mir gut. Er riet mir, die buddhistischen Weisheitslehren nun auf Herz und Nieren zu prüfen. Ich hatte das Segeln unter guten Bedingungen gelernt, nun war ich im Sturm und konnte feststellen, ob ich auch jetzt noch segeln konnte. War das auch für mich gültig, was der Buddha beschrieben hatte? Ist es möglich, einen Weg aus dem Leiden in die innere Freiheit zu finden? Anstatt mich also weiter der schmerzhaften Situation ausgeliefert zu fühlen, fragte ich mich: Woran halte ich fest? Was gilt es loszulassen? So erkannte ich in aller Klarheit, wie sehr ich an meinen Wünschen und Hoffnungen festhielt. Dann begann ich den Tatsachen ins Auge zu sehen.

Nach vielen Gesprächen und vergeblichen Lösungsversuchen für einen weiteren gemeinsamen Weg mussten wir letztendlich feststellen, dass unsere Sichtweisen und Bedürfnisse zu unterschiedlich waren. Martin wollte mit der anderen Frau und zugleich mit mir zusammen sein. Ich wollte das nicht. Wir trennten uns. Meine Mutter hätte dazu gesagt: »Lieber ein Ende mit Schrecken, als ein Schrecken ohne Ende.«

Zunächst war die Entscheidung eine Erleichterung, doch es tat immer noch höllisch weh. Christopher war mir auch hier ein tröstendes Leitbild. Denn auch seine Beziehung zur Mutter seiner Tochter war zerbrochen, als die Tochter etwa fünf Jahre alt war. Auch sein Schmerz war groß, und er versuchte alles, um seine Familie zusammenzuhalten. Letztendlich musste er einsehen, dass seine Frau ein anderes Leben führen wollte. Er ließ die Hoffnung los, ging zwei Tage schmerzgeplagt durch das verlassene Haus, ließ allen Gefühlen freien Lauf und erinnerte sich an die Worte seines alten thailändischen Meisters Ajan Buddhadasa: »Moving on – das Loslassen geschieht dadurch, dass wir weitergehen.« Er besann sich darauf, dass er zwar seine Partnerin verloren hatte, aber lebenslang der Vater seiner Tochter sein würde. Sein Prozess machte mir in gewissem Sinne Mut. Ich erkannte, dass meine schmerzhaften Gefühle ganz natürlich waren. Doch wie lange ich daran litt, darauf hatte ich Einfluss. Ich sagte mir also immer wieder »moving on«, und es gelang erstaunlich gut.

Meine Lebenssituation änderte sich damit drastisch. Martin und ich trennten uns sowohl räumlich als auch finanziell und beendeten auch die gemeinsame Meditationspraxis. Ich hätte mir das vorher kaum vorstellen können. Zum Glück konnten wir gut miteinander kommunizieren, regelten alles Organisatorische einvernehmlich und gingen von nun an getrennte Wege.

Muße und Schmerz

Ist es möglich, Muße in einem emotional schwierigen Prozess zu finden? Zunächst nicht, denn der Schmerz, ob er nun körperlich oder emotional ist, hat die Eigenart, die ganze Aufmerksamkeit auf sich zu lenken oder besser gesagt in sich hineinzuziehen. Es gibt keinen geistigen Freiraum mehr, der ein Gefühl von Erfüllung oder Freiheit zulassen könnte. Erst wenn der Schmerz nachlässt oder wir uns bewusst mit ihm auseinandersetzen, ist es möglich, Raum im Schmerz und um ihn herum zu entdecken. Bei der bewussten Auseinandersetzung kann uns beispielsweise das Achtsamkeitstraining helfen. Anstatt zu warten, bis »die Zeit alle Wunden heilt« oder wir genügend Ablenkung finden, können wir einen alternativen Umgang mit Schmerz lernen. Die bewusste Auseinandersetzung mit ihm schafft Freiraum. Dieser kann der Muße dienen, damit wir wieder offen werden für Dinge, die uns erfüllen und uns Lebensqualität schenken.

Wenn wir schmerzliche Situationen erleben, körperliche und seelische, haben wir das ganz natürliche Verlangen nach Rückzug, nach einer Auszeit, damit wir in eine heilsame Mitte finden können. Muße erscheint hier als Einladung zur Selbstregulierung, als wichtige Zeit der Heilung und Verarbeitung. Muße ermöglicht es dem Geist, in die Entspannung zu finden. Das geschieht in der Regel schrittweise, und es braucht dazu eine innere Bereitschaft und die Überzeugung, dass der entspannte Geist das Potenzial zur Lösung des Schmerzes und der Krise in sich trägt. Laut der alten Weisheitslehren können wir uns genau mit dieser Kraft des »offenen Gewahrseins« vertraut machen und in der Tiefe erkennen, dass alles Erleben ein ständiger Prozess und letztendlich selbstbefreiend ist.

Achtsamkeit, Schmerz und Einsicht

Meine Achtsamkeitspraxis hat mir in dieser Phase letztlich sehr geholfen, weil sie die Fähigkeit unterstützt, mit schwierigen Situationen im Leben umzugehen. Die Wurzeln dieser Praxis liegen in den traditionellen buddhistischen Schulungen, bei denen es darum geht, die Ursachen des Leidens, unser Unglück und die Unzufriedenheit zu erkennen und sich daraus zu befreien.

In den letzten dreißig Jahren wurden einzelne Aspekte der umfangreichen buddhistischen Lehren herausgenommen und angepasst, unter anderem das inzwischen hinlänglich bekannte MBSR-Training (Stressbewältigung durch Achtsamkeit), das Professor Jon Kabat-Zinn ursprünglich für chronische Schmerzpatienten entwickelte. Mittels eines ausgewogenen Programms von Achtsamkeitsübungen, Meditationseinheiten und dem Umgang mit unangenehmen Gefühlen, wozu auch Schmerz gehört, verbessern die Patienten ihre Lebensqualität trotz Schmerz und Krankheit. Der Erfolg dieses Programms ist so groß, dass meditatives Achtsamkeitstraining inzwischen weltweit in Kliniken, aber auch in stressgeplagten Managementetagen, an Schulen und in emotionalen Krisen sowie als Teil zahlreicher Therapieformen angewendet wird.

Zu Anfang geht es beim Achtsamkeitstraining um die Kultivierung von Präsenz. Dabei wird eine Haltung von Offenheit, Freundlichkeit, Akzeptanz und Mitgefühl entwickelt. Das Einüben dieser hilfreichen Einstellung ermöglicht das Akzeptieren von Schwierigkeiten und einen Perspektivwechsel. Ein heilsamer, neuer Umgang mit den Auslösern des Schmerzes wird möglich. Bei fortschreitender Übung der Achtsamkeitspraxis unter erfahrener Anleitung werden Selbstregulierungsmechanismen installiert, in denen zunehmend auch mit belastenden Gedanken, intensiven Emotionen und schwierigen Erlebnissen umgegangen werden kann. Neben der Achtsamkeitskraft entwickelt sich ein immer gelösteres Gewahrsein. Es ermöglicht ein weiterführendes Verständnis und befreiende Einsichten in die Gesetzmäßigkeiten des Lebens.

Schmerzliche Offenheit

Die Trennung riss ein großes Loch in mein Leben. Ich könnte auch sagen: eine schmerzliche Offenheit. Denn ich hatte meinen Ehemann, Partner und spirituellen Freund verloren. Es lag ein Lebensabschnitt vor mir, den ich nun ganz neu und allein gestalten musste und durfte. Was ist jetzt wichtig und was ist der nächste Schritt?, fragte ich mich. Ich beschloss, erst mal Abstand von allem zu gewinnen, um wieder zu spüren, was jetzt wirklich wesentlich war. Ich hatte das Bedürfnis, nach dieser harten Phase Ruhe zu finden. Christopher unterstütze mich intensiv, wir standen täglich in E-Mail-Kontakt und telefonischem Austausch. Er war wie immer zuversichtlich, verbreitete Leichtigkeit und innere Ruhe. Das tat mir sehr gut und spornte mich wiederum an, noch genauer zu erforschen, wie auch ich zu so einer tiefen Gelassenheit in meinem Leben kommen könnte.

Christophers Sichtweise darauf sprengte mein Fassungsvermögen. Er sah mich verschmitzt lächelnd an und sagte: »Diese Zeit, die du gerade erlebst, ist sehr kostbar. Immer, wenn uns das Leben den Boden unter den Füßen wegzieht, wenn wir das Gefühl haben, alles verloren zu haben, was uns lieb und wichtig ist, kommen wir automatisch in Kontakt mit der ursprünglichen Offenheit des Lebens. Normalerweise ist unser Bewusstsein zugestellt durch unsere Wünsche und Vorstellungen darüber, wie das Leben laufen sollte. Jetzt hast du die Chance, dich davon zu befreien.« Seine Worte machten mich noch neugieriger, denn ich fand es zunächst fast absurd, etwas Schönes in der neuen Situation zu sehen. Ich hatte eher das Gefühl, an einem großen Abgrund zu stehen. Christopher lächelte wieder und sagte: »Wunderbar. Wenn du dich jetzt traust, mit voller Absicht in dieses Unbekannte, in dieses Loch zu springen, dann öffnet sich die nächste Ebene der Erkenntnis.«

Nachdem ich überlegt hatte, was ich denn überhaupt zu verlieren hatte, fasste ich Mut und sprang. Dieses bewusste Springen und der nachfolgende freie Fall waren ein mich wandelnder innerer Prozess. Ich spürte eine enorme Angst, ins Bodenlose zu fallen. Bei genauerer Betrachtung war es meine Angst vor der unermesslichen Offenheit des Lebens, die mir nun noch mal in einer neuen Dimension bewusst wurde. Meine Zukunftspläne hatte ich durch die Trennung aufgegeben, nun gab es nur noch die Gegenwart. Alles war offen, fast beängstigend offen. Ein Niemandsland – ohne eine Idee oder einen Plan, wie es weitergeht. Langsam spürte ich, dass diese Offenheit nicht Stillstand bedeutete, wie ich zunächst befürchtet hatte. In dieser Offenheit war alles möglich. Es entstand ein Perspektivwechsel: Ich sah schlagartig die Optionen und die Fülle des Lebens anstatt den Verlust und mein Scheitern. Christopher schien recht zu haben: Der Sprung in die Offenheit offenbarte mir ungeahnte Einsichten, und die verbanden sich mit den Jahre zuvor im Kloster gemachten Meditationserfahrungen über die Dimensionen der Leerheit, die ich kognitiv gar nicht vollständig erfasst, aber dennoch erlebt hatte.

Aufbruch ins Neue

Etwa einen Monat später erfuhr ich von der Möglichkeit, Christopher bei seinen Vorträgen und Retreats in Australien zu begleiten und damit auch intensiv weiterzustudieren. Kurzentschlossen leitete ich alles in die Wege, um für mehrere Monate in Australien bleiben zu können. Zum Glück hatte ich noch Rücklagen, mit denen ich, wenn ich sparsam haushaltete, bescheiden leben konnte. Ich war glücklich, wie sich alles fügte. Der Abstand von meiner alten Lebensphase zu Hause war mir sehr willkommen, und zugleich durfte ich noch intensiver von Christopher lernen, während ich eine Art Trainee-Programm in Australien begann. Meine ursprünglich krisenhafte Lebensphase der Trennung entpuppte sich als Gelegenheit, die alten Weisheitslehren weiter in ihrer Tiefe am eigenen Leib zu erfahren und auf ihre Wirkung hin zu untersuchen.

Halb scherzhaft, halb ernst sagte Christopher: »Wenn die Lehren zum Auflösen von Leid bei dir nicht funktionieren, dann ist es vielleicht an der Zeit, dich mit etwas anderem zu beschäftigen.« Diese Aussage rüttelte mich richtig wach. Nun bot sich die Gelegenheit, mein Wissen anzuwenden und so sorgfältig zu prüfen, als ob ich Gold auf seine Echtheit prüfen wollte. Christopher begleitete mich intensiv und gab mir detaillierte Anleitung. Mich beschäftigte immer noch die Trennung von Martin, das war schließlich das emotional herausforderndste Ereignis der letzten Jahre. Und über sieben Jahre intensiver Beziehung brauchen Zeit, wenn sie auf allen Ebenen losgelassen werden wollen. Ich spürte manchmal noch Reste von Trauer und Ärger hochkommen. Nachts träumte ich häufig von unangenehmen Momenten, und gewohnheitsmäßig dachte ich noch in der Wir-Form. All das besprach ich mit Christopher. Er beruhigte mich, dass es völlig normal sei, all diese Gefühle und Gedanken so zu erleben. Innerlich hatte sich bei mir wieder ein gewisser Anspruch aufgebaut, dass die Verarbeitung doch schneller gehen müsste. Christopher gab mir Achtsamkeitsaufgaben und reflektierende Übungen zu diesen Themen. Vertraut waren sie mir, doch anhand meiner eigenen aufgewühlten Situation war es wieder eine neue Herausforderung, sie auch anzuwenden und dabei zu erleben, was sich veränderte.

Der Unterschied von Schmerz und Leid

In der buddhistischen Weisheitslehre wird zwischen Schmerz und Leid unterschieden: Schmerz ist unvermeidbar, Leiden eine Option. Schmerz erleben wir unmittelbar auf körperliche oder seelische Einflüsse hin. Wenn wir stürzen und uns das Bein verletzen, werden wir Schmerzen empfinden, das ist unausweichlich. Doch die Geschichte, die wir um dieses Erleben konstruieren, indem wir uns beklagen oder bei anderen beschweren, lässt uns leiden und hält uns in dieser Erfahrung fest. Schmerz klingt gewöhnlich nach einer Weile ab, aber die seelischen, geistigen Eindrücke, an denen wir festhalten, lassen uns so leiden, dass ein Teil von uns in der Vergangenheit stecken bleibt. Bei jeder Erzählung erhält die

Geschichte frische Aufmerksamkeit und bleibt dadurch lebendig. So kommen wir nicht ganz in der Gegenwart an und sehen die Möglichkeit des Neuanfangs nicht. Dieses Steckenbleiben in den alten Geschichten mit ursprünglich schmerzhaften Erfahrungen macht viele Menschen krank.

Schon vor über zweieinhalbtausend Jahren hat der Buddha diese leiderzeugende Verhaltensweise sehr anschaulich mit dem Beispiel der zwei Pfeile erklärt: Er verglich die unvermeidbaren Schmerzen des Lebens mit einem Pfeil, der uns trifft. Zum Beispiel in Form einer Krankheit, eines Verlustes oder eines Misserfolges. Das unnötige Leiden entsteht dadurch, dass wir selbst noch einen zweiten Pfeil abschießen, der uns genau in der Wunde trifft. Dieser zweite Pfeil ist die eigene Verurteilung, das Grübeln, der Widerstand, das Festhalten und auch die Selbstkritik. Wir machen es also noch schlimmer mit unserer Reaktion auf die schmerzhafte Erfahrung. Genau hier liegt unser Handlungsspielraum: Wir versuchen, es nicht noch schlimmer zu machen. Stattdessen machen wir uns diese Vorgänge bewusst und lernen, das gewohnte Reiz-Reaktions-Verhalten zu unterbrechen. Wir schießen den zweiten, den Leid erzeugenden Pfeil nicht ab.

In meiner damaligen Situation versuchte ich entsprechend, die zwei Pfeile sorgfältig und in aller Aufrichtigkeit zu unterscheiden, indem ich mich fragte: Wie wirkt der erste Pfeil (Schmerz), und wie trage ich zum zweiten Pfeil (Leid) bei? Ich erkannte, dass der Schmerz über die Trennung ganz natürlich war, schließlich war ein lieber Mensch aus meinem Leben gegangen, aus welchen Gründen auch immer. Ich ließ die Trauer zu und auch die manchmal noch aufflackernden Gefühle von Ärger, Enttäuschung und Wut. All dies durfte sein, und ich nahm diese Emotionen mit nichtwertender Achtsamkeit wahr. Ich vertraute immer mehr auf die befreiende Kraft des Gewahrseins. Konnte ich nur ausreichend lange stillhalten, zogen alle Wolken vorbei. Das hatte ich schließlich schon oft erlebt.

Das eigentlich Leidhafte, das Stressende und Quälende der Trennung mit allen Folgen, erkannte ich noch einmal in aller Deutlichkeit. Dieser zweite Pfeil richtete sich gegen mich selbst: Ich hing immer noch den nicht erfüllten Vorstellungen nach, wie es hätte sein sollen. Ich hatte nicht wirklich auf allen Ebenen losgelassen. Loslassen ist »moving on«, ein ständiges Mitfließen mit dem Strom. Wollen wir es anders haben, als es ist, stellen wir uns gegen den natürlichen Fluss des Lebens. Das kostet enorm viel Kraft. Wir versuchen, mit aller Macht unsere Vorstellungen und Wünsche umzusetzen, anstatt die Wirklichkeit zu verstehen. Denn alles verändert sich, nichts, aber auch gar nichts in unserem bedingten Erleben ist fest und stabil. Weder Beziehungen, Gefühle noch unser eigener Körper. Alles unterliegt ständigen Veränderungsprozessen. Somit macht es auch keinen Sinn, an irgendetwas festzuhalten. Doch das Loslassen gelang mir nicht so einfach. Also musste ich herausfinden, wie ich es besser lernen konnte.

Erst einmal musste ich anerkennen, dass Loslassen in meinem Fall mehr ein Seinlassen war. Das bedeutete vor allem, keinen Pfeil mehr abzuschießen. Bei der Klärung der Vorgehensweise half mir die intensive Auseinandersetzung mit Buddhas bewährtem Übungsprogramm für ein befreites Leben, auch »edler achtfacher Pfad« genannt. Ich schaute mir ganz genau an, wie ich von nun an im Sprechen, Handeln und in meinem Lebensstil mit der Trennungssituation umging. So wurde mir noch mal bewusster, dass zum Beispiel das Sprechen über die Trennungsgeschichte das ganze Süppchen wieder aufkochte und ich dann als Folge auch nachts davon träumte. Als mir das deutlich wurde, unterließ ich es, sprach nur noch ganz rudimentär und vor allem freundlich darüber, wenn ich darauf angesprochen wurde. Das half, und ich wurde ruhiger.

Ich untersuchte weiter die Kausalitätskette anhand meiner Geschichte, schaute mir aus dieser Perspektive die im Buddhismus beschriebene Dynamik der drei Geistesgifte an: die Unwissenheit als mangelndes Gewahrsein der Situation, die Ablehnung als Ankämpfen dagegen und das Verlangen, es anders haben zu wollen. Und tatsächlich: Das Leid löste sich nach und nach auf und die Freude über die Erkenntnisse, Leichtigkeit und tiefe Dankbarkeit machten sich breit.

Christopher unterstützte mich enorm in dieser Praxis- und Studienzeit an der sonnigen australischen Ostküste. Nach einem Monat flog er zurück nach England. Ich blieb noch weitere Monate in Australien und erhielt von Christopher regelmäßig Lesestoff mit buddhistischen Texten und Anregungen zum weiteren Studium.

Dieser intensive, begleitete Lernprozess veränderte vieles. Ich erlebte neue Dimensionen von Vertrauen und ein tiefes inneres Zur-Ruhe-Kommen. Ich fasste ein unerschütterliches Vertrauen in die zeitlosen Lehren des Buddha, die auch »Dharma« genannt werden. Meine Lieblingsübersetzung des Wortes Dharma ist »das, was wirklich trägt«. Natürlich hatte ich schon über Jahre buddhistische Texte studiert, auf intuitive Weise verstanden und auch analysiert. Doch erst die Anwendung auf meine eigene Geschichte schenkte mir ein tragendes Vertrauen in die befreiende Wirkung der alten Lehren.

Christopher erlebte meine Entwicklung als Lehrer und als Zeuge mit und nahm mich eines Tages zur Seite: »Du hast jetzt so viele Jahre für dich studiert, nun wird es Zeit, dass du beginnst, deine Erfahrungen mit anderen zu teilen.« Er lud mich ein, in seinem Lehrerteam in Indien in der Ausbildung Aufgaben zu übernehmen. So begann ich, in Indien meine ersten Dharma-Vorträge zu halten und Gruppen zu leiten – dort wo wir uns einmal auf dem Dach des Gästehauses auf so witzige Weise beim Wäscheaufhängen kennengelernt hatten.

Reflexion: Alte Geschichten

Überlegen Sie einmal, ob es in Ihrem Leben alte Geschichten gibt, die schmerzhaft waren und bis heute leidvoll wirken. Um diese Dynamik zu untersuchen, ist es sinnvoll, nicht gleich die größten Themen zu wählen. Fangen Sie mit etwas Kleinem an. Tagtäglich erleben wir schmerzhafte Momente. Ein anderes Auto schneidet Sie auf der Autobahn. Ein großer Schreckmoment, fast wäre es zu einem verheerenden Unfall gekommen. Sie werden zu Recht wütend, ärgern sich, schimpfen. Oder Sie sagen etwas Unbedachtes oder Beleidigendes zu einem anderen Menschen, was für Sie und den anderen Schmerz verursacht.

Aber was geschieht nach diesen ersten Impulsen, nach dem spontanen Ausdruck Ihres Schmerzes? Wie lange tragen Sie diese Gefühle mit sich und geben Ihnen weiter Macht? Können Sie den Schmerz oder die Verletzung bald loslassen oder leiden Sie auch später noch ganz deutlich daran, etwa wenn Sie davon erzählen?

Versuchen Sie den Unterschied zwischen dem ursächlichen Schmerz und dem zusätzlichen Leid zu erkennen.

Vorgelebte Inspiration

Ich befand mich in meiner Assistenzzeit zur Dharma- und Meditationslehrerin und reiste mit Christopher fast zwei Jahre lang um die Welt. Ich assistierte ihm auf seinen Vipassana-Retreats, Vorträgen und Workshops in Indien, Australien und Europa. Auf diese Weise hatte ich das Privileg, von ihm zu lernen und mit der Zeit immer mehr eigene Aufgaben und Verantwortung zu übernehmen. So lernte ich also die Abläufe und die Inhalte auf den Lehrveranstaltungen intensiv kennen und konnte ihm als Lehrer und väterlichem Freund jederzeit Fragen stellen. Während ich auf diese Weise viel über Buddhismus und die Kunst der Vermittlung dieser alten Weisheitslehren lernte, war die größte Bereicherung für mich der ganz persönliche, freundschaftliche Kontakt mit Christopher. Die wichtigsten Lektionen erhielt ich nicht unbedingt während der Retreats, sondern im persönlichen Austausch mit ihm beim Reisen, beim Kaffeetrinken, bei den Fahrten, also mitten im Alltag. Mich inspirierten vor allem sein Verhalten, seine persönlichen Ansichten und die Art und Weise, wie er das umsetzte, was er lehrte.

Einmal fragte ich ihn, was er denn auf seinem Grabstein stehen haben wollte, wenn ein einziger Satz sein Lebenswerk oder seine Lebenshaltung ausdrücken würde. Christopher überlegte einen Augenblick und sagte: »Never born, never died.« (»Niemals geboren, niemals gestorben.«) Ich schaute ihn erstaunt an und musste lachen. Typisch Christopher. Er schaffte es, in einem Satz seine Weisheit auszudrücken. Mit diesem Satz zeigte er, wie frei und leicht er im Leben unterwegs war. Da war keine Angst, kein Bedauern, kein Festhalten, keine Sorge. Christopher lebte diese befreiende Weisheit der »Leerheit«, wie man es im Buddhismus nennt.

Und so erlebe ich ihn auch in seinen privaten Beziehungen als Vater einer erwachsenen Tochter und vierfachen Großvater. Er ließ das Leben fließen und war einfach ein »small servant of the Dharma« – »ein kleiner Diener des Dharma«, wie er sich selbst bezeichnete. Christopher ist für mich ein ganz besonderer Vertreter eines mußevollen Lebens. Er versteht sich auf die Kunst »at ease«, darauf, »mit Leichtigkeit« zu leben. Seine Leichtigkeit basiert auf einer großen inneren Freiheit, die es selten gibt. Sie wurzelt in einem tiefen Verständnis von dem, was man im Buddhismus »Leerheit« nennt. Sie basiert auf der Auseinandersetzung mit der Wirklichkeit, die ähnlich wie in der Quantenphysik als letztlich substanzlos erkannt wird. In der genauen Untersuchung jedes Objekts unserer Wahrnehmung, einschließlich uns selbst, zeigt sich, dass alles aus vielfältigen Bausteinen und Faktoren zusammengesetzt ist und als Einheit ohne einen festen Kern besteht.

In seinem »Steppenwolf« beschreibt Hermann Hesse literarisch sehr ansprechend, dass es in Wirklichkeit kein Ich gibt, »*auch nicht das naivste, eine Einheit, sondern eine höchst vielfältige Welt, ein kleiner Sternenhimmel, ein Chaos von Formen, Stufen und Zuständen, von Erbschaften und Möglichkeiten.*«

Übung: Finden, was trägt

In schwierigen Zeiten, in Krisen ist es besonders schwer, Muße zu finden. Doch gerade dann brauchen wir sie dringend, um Abstand zum Geschehen zu bekommen. Wenn wir genauer hinschauen, können wir das finden, was uns Halt gibt. Dabei kann die Fähigkeit, zwischen Schmerz und Leid zu unterscheiden, eine große Hilfe sein.

Versuchen Sie, diese Unterscheidungsfähigkeit im Alltag zu trainieren. In einem ersten Schritt versuchen Sie zu verstehen, was hilft und was schadet. Im zweiten Schritt versuchen Sie die Dinge, die schaden, loszulassen und Hilfreiches (wie Achtsamkeit) zu stärken. Als Folge dieser Übung fühlen Sie mit der Zeit eine größere Verbundenheit mit allem, eine größere Gelassenheit angesichts dessen, dass sich alles verändert und alles einen Anfang, eine gewisse Dauer und auch ein Ende hat. Es entwickelt sich die Fähigkeit, mehr Freude zu spüren und auch dem Schmerz zu begegnen, ohne nach dem einen zu greifen und sich mit dem anderen herumzuquälen. Es entwickelt sich Vertrauen in Sie selbst, in andere Menschen und in das Leben.

Ein Durchbruch in die Sanftheit

*»Wir Menschen denken zu viel
und wir fühlen zu wenig und
genau das ist unser Problem.«*
CHARLIE CHAPLIN

*»O lerne Denken mit dem Herzen,
und lerne Fühlen mit dem Geist.«*
THEODOR FONTANE

Trotz meiner vielfältigen Erfahrungen hatte ich etwas ganz Wesentliches bei meiner Erforschung der Muße bisher noch nicht in der Tiefe entdeckt. Dies entpuppte sich als ein großer Schatz, der mich nachhaltig beeinflusste und mir die Inspiration gab, ein ganzes Buch über die Muße zu schreiben.

Ich unterrichtete wieder ein Retreat mit Christopher in Indien. Einige Teilnehmer erweckten unsere Aufmerksamkeit. Anstatt in der typischen Meditationshaltung zu sitzen, mit gefalteten Beinen, aufrecht und entspannt, verbrachte diese kleine Gruppe die Meditationszeit ausgestreckt auf dem Boden liegend. Sie brachten ihr »Bettzeug« in die Meditationshalle mit, und manche hatten nicht nur eine dünne Unterlage dabei, sondern eine dickere Matratze sowie ein kleines Kopfkissen und eine Decke. Einige hatten sogar ein kleines Moskitonetz über dem Kopf aufgespannt. So etwas hatte ich noch nie gesehen und musste schmunzeln. Zunächst dachte ich, das ist ein Witz. Dieser Anblick irritierte mich sehr, und ich sprach mit Christopher darüber, der auch etwas befremdlich schaute, aber dabei lächelte. Er kannte die meisten dieser Gruppe, die zum Teil sehr erfahrene Meditierende waren. Während Christopher entspannt damit umging und sie gewähren ließ, merkte ich meine innere Skepsis – schließlich hatte ich jahrelang unter sehr strengen klösterlichen Bedingungen meditiert. Es sich auf diese Weise in einem Zendo liegend bequem zu machen, war dort unvorstellbar und wäre nicht im Ansatz geduldet worden. Mir wurde einmal mehr die Vielfalt der buddhistischen Praxis deutlich. Und obwohl ich diesen liegenden, bequemen Ansatz sehr seltsam fand, weckte er mein Interesse, und ich befragte die Teilnehmer nach ihren Erfahrungen, die sehr feinsinnig und tief zu sein schienen. Es berührte mich, was diese Praktizierenden über ihren Lernprozess bezüglich der Sanftheit im Umgang mit sich selbst, der Selbstfürsorge und Hingabe berichteten. Durch die Meditationspraxis hatten sich ihre geistigen und emotionalen Prozesse mit der Zeit beruhigt, und ein gewisses Maß von innerer Freiheit war spürbar geworden. Doch erst durch das bewusste Entspannen im Liegen konnten sie noch tiefer loslassen und anstrengungslos zu größeren Erkenntnissen kommen. Diese Beschreibungen beschäftigten mich nachhaltig. Die Lehrer dieses besonderen Ansatzes waren mir bereits als Co-Lehrer von Christopher begegnet: eine Amerikanerin und eine Spanierin, die in Indien lebten und Retreats mit dem Fokus auf diese transformative Entspannung anboten.

Ein Jahr später ergab sich für mich die Gelegenheit, selbst an einem zehntägigen »Deep Rest«-Retreat in Indien teilzunehmen. Ich hatte eine lange Reisephase mit Christopher hinter mir und wünschte mir für den Jahreswechsel eine besinnliche Regenerationszeit in neuen Erfahrungsräumen. Ich spürte zwar immer noch meine Skepsis, gab mir jedoch einen Ruck und meldete mich an. Über vierzig Leute nahmen an dem Retreat teil. Es wurde in einem Ashram mitten in der Natur durchgeführt. Drumherum gab es nur grüne Reisfelder und einen atemberaubenden Blick auf den heiligen Berg Arunachala. Die Meditationshalle war wunderschön und außergewöhnlich. Es war ein riesiges, offenes indisches Hochzeitszelt, etwa sechzig Meter lang, mit einem Plastikboden und einem farbenfrohen Stoffdach. So meditierten wir eigentlich mitten in der Natur, mit einem Schatten spendenden Dach, doch ohne Wände und Türen.

Tatsächlich brachten die meisten Teilnehmer ihr gesamtes Bettzeug mit leichten Matratzen, Kissen und Decken in das Hochzeits-Meditationszelt. Auch ich hatte mich gut ausgerüstet. Ich hatte eine herrliche, selbstaufblasbare Matratze, ein neues Kopfkissen und eine schöne Decke besorgt. Das Moskitonetz ließ ich tagsüber weg. Das war mir dann doch zu komisch. Die gesamte Atmosphäre des Retreats war sehr liebevoll, fürsorglich und gut organisiert. Die Lehrer gaben den Ratschlag, uns ganz auf die Freundlichkeit mit uns selbst zu fokussieren. Wir sollten darauf achten, uns innerlich nicht zu irgendetwas zu drängen und uns ganz viel Zeit für Ruhe zu nehmen. Falls wir bei der Meditation oder beim täglichen Vortrag einschlafen sollten, wäre das vollkommen in Ordnung. Sie luden uns mit Nachdruck ein, uns die müheloseste Ruhe zu gönnen, die wir uns erlauben könnten. Das war nun ein ganz anderer meditativer Ansatz als der mir vertraute.

Total entspannen

Ich beschloss, alles zu vergessen, was ich bisher über Meditationspraxis gelernt hatte. Ich brachte mein Bettzeug in das Meditationszelt und legte mich hin. Ich startete damit, mich von Moment zu Moment zu fragen, wie ich am besten für mich sorgen kann, und erinnerte mich daran, sehr sanft und weich mit allem zu sein, was hochkam. Ich praktizierte das auf unterschiedliche Weise, so kreativ ich nur sein konnte. Ich fühlte, wie die warmen Sonnenstrahlen meinen Körper berührten. Ich versuchte, mich körperlich ganz zu entspannen, ging wie in einem Bodyscan jedes Körperteil achtsam spürend durch. Ich spannte jeden Muskel kurz an, um dann bewusst loszulassen. Ich ließ mich ganz schwer werden, gab das Gewicht an den Boden ab und fühlte, wie die Erde mich trug. Ich lächelte nach innen und wenn etwas Störendes in meinem Geist auftauchte, hielt ich es innerlich mit Fürsorge und Liebe, als würde ich ein Kind trösten. Immer wieder legte ich meine Hände auf meine Herzgegend oder auf den Bauch. Das fühlte sich schützend und heilend an.

Ich überlegte zwischendurch und stellte fest, dass ich mir bisher noch nie freiwillig so viel Ruhe in einer liegenden Position gegönnt hatte. Viele alte Konditionierungen kamen hoch, während ich da lag. Sie äußerten sich als eine Art Verunsicherung und Widerstand, Sätze und Kommentare erschienen in meinem Geist: »Das ist doch keine richtige Meditationspraxis. Du bist faul, machst es dir nur nett, das kannst du dir nur in einem Retreat erlauben, doch nicht im Alltag.« Mit dieser inneren Stimmung hatte ich anfangs intensiv zu tun. Einerseits genoss ich diese freie Meditationspraxis, die tiefe Entspannung, mich nicht anstrengen zu müssen, keine Grenzen zu erleben, um sie schmerzhaft zu überwinden. Auf der anderen Seite wertete ich die Erfahrung ab und hatte Mühe, mir selbst das Leichte und Angenehme zuzugestehen. Die ersten zwei Tage fühlte sich das wie ein innerer Kampf an. Wenn ich hinspürte, dann genoss ich das viele Liegen, die Anstrengungslosigkeit, fühlte mich gut, ja sogar froh. Und gleichzeitig wertete ich die Erfahrung ab, verglich sie mit dem Zen-Training und ärgerte mich auch immer wieder über eindeutig schlafende Mitmeditierende, die teilweise laut schnarchende Atemgeräusche von sich gaben. Glücklicherweise konnte ich das alles und sogar den leichten Ärger mit nichtwertender Achtsamkeit wahrnehmen. Ich war mir des inneren Tumultes bewusst, griff jedoch nicht ein und nahm ihn einfach staunend wahr.

Als die Lehrerin am Nachmittag einen Vortrag hielt, kam

zunächst die alte Konditionierung hoch: Ich kann doch nicht liegen bleiben, das ist respektlos. Wie können sogar einige Leute dabei schlafen? Das geht doch wirklich nicht! Und ich wollte mich schon hinsetzen. Die Lehrerin hingegen ermutigte die Gruppe mit ihrer weichen und fürsorglichen Stimme: »Gebt euch die Erlaubnis, so sanft wie möglich mit euch zu sein. Entspannt euch, hört, was ihr aufnehmen könnt. Strengt euch nicht an, bleibt liegen.« Und tatsächlich – es war wahnsinnig entspannend und sogar leichter, dem Vortrag in der liegenden Haltung zu lauschen. Körperlich schmolz ich regelrecht in den Boden, ich fühlte mich getragen, mein Geist war hellwach und ich fühlte mich ungeheuer wohl.

Nach dem Vortrag machte ich eine Gehmeditation und ging einen kleinen staubigen Weg an den grünen Reisfeldern entlang. Ich konzentrierte mich ganz auf das langsame Gehen, auf jeden einzelnen Schritt. Ich spürte dabei deutlich, wie sich mein Gewicht verlagerte und meine Füße fast zärtlich die Erde berührten. Die Umgebung war nicht still, ich hörte Kinderlachen aus der Ferne, spürte die Luft auf meiner Haut, nahm jeden Atemzug wahr. Es fühlte sich an, als hätten sich alle Sinnestore gleichzeitig geöffnet. Ich erlebte ein offenes, raumhaftes Gewahrsein, einen natürlichen und freien Bewusstseinszustand, in dem jede Vorstellung von einer Dualität aufgehoben war. Dieser Zustand war mir aus der intensiven Praxis im Zen-Kloster vertraut. Dort hatte ich solche Erfahrungen durch disziplinierte Meditation erlebt, sozusagen als Frucht der ganzen Mühe. Manchmal auch beim Kochen, Putzen oder Lesen. Hier im liegenden Retreat tat ich nichts, noch nicht einmal »ordentlich« meditieren, und ich trat ganz anstrengungslos und ohne vorherige Schmerzen in diesen Zustand ein. Wie konnte das sein? Diese Frage erschütterte mich zutiefst. Die Tränen schossen mir in die Augen. Konnte es sein, dass ich fast mein ganzes bisheriges Leben mit einem subtilen inneren Getriebensein und Druck verbracht hatte? Wie wenig hatte ich mir erlaubt, wirklich entspannt zu sein. Trotz aller Meditationspraxis, dem Loslassen-Lernen, den Übungen, die in die Gelassenheit führten, war doch etwas in mir bisher nicht wirklich sanft und weich geworden. Dabei sehnte ich mich doch genau danach.

Völlig aufgeweicht

Die nächsten zwei Tage des Retreats war ich in Tränen aufgelöst. Mein ganzes Leben zog an mir vorbei. Ich erkannte, wie stark ich immer sein wollte, wie meine Vorstellungen und Bewertungen mich davon abgehalten hatten, wirklich tief zu spüren, was mir guttat. Ganz besonders betroffen fühlte ich mich von der Erkenntnis, wie sogar die strenge Meditationspraxis im Zen-Kloster, die ich ja sehr liebte und schätzte, gewissermaßen mein Muster der Strenge gegen mich selbst noch unterstützt hatte. Wie oft war ich dort – neben allen glückseligen und auch sehr nüchternen Erfahrungen – gegen mein tatsächliches Gefühl der Erschöpfung, der inneren Grenze angegangen und hatte mich selbst überwunden? Beim körperlichen Schmerz, bei der Müdigkeit, in dem Wunsch, mal gar nichts zu tun. Die Tränen über meine eigene Härte mir selbst gegenüber schienen kein Ende zu nehmen. Nach zwei Tagen im Tränental war ich innerlich völlig aufgeweicht. Dann versiegten die Tränen, Freude und eine besondere mußevolle Entspanntheit blieben. Ich fühlte mich reich beschenkt von diesen Einsichten über mich selbst.

Von da an erlaubte ich mir, immer wieder zu spüren, welche Meditationshaltung gerade jetzt passend für mich war. Manchmal machte ich mehr Gehmeditation, manchmal saß ich auch, doch ich verbrachte die meiste Zeit in der liegenden Haltung. Ich fühlte mich immer mehr in mir geborgen, geerdet und in einem einfachen Seinszustand. So entfaltete sich eine immer tiefer gehende Ruhe und Zartheit. Es war wie ein Schmelzprozess, ganz anstrengungslos, und zur gleichen Zeit nahm ich wahr, wie Gewahrsein aus der Tiefe des Seins erblühte. Die Aufmerksamkeit fiel in mich selbst zurück und von dort aus entstand wahre Verbundenheit. Alles entstand innen. Alle Geräusche waren innen, alle Handlungen zeigten eine Vollständigkeit von allem. Es war ein Heimkommen. Wie entspannend! Und so anstrengungslos!

Zu Hause ankommen

Der Schlüssel für meine Erfahrung war die neue Art des meditativen Zugangs: das Lauschen, ein weites Gewahrsein. Das Schauen: kein Innen und Außen mehr. Die Ruhe: tiefste Entspannung, anstrengungsloses Liegen und so viel Nichtstun wie noch nie in meinem Leben. Das Sinkenlassen, Pausenmachen. Ankommen und zu Hause sein, der Geist wird immer stiller und wacher, alles wird in seiner Schönheit offenbar und kann mit Gelassenheit und Dankbarkeit so sein gelassen werden. Solche Erfahrungen können kaum mit Worten beschrieben werden, denn die greifen immer zu kurz.

Eigentlich ist dieser Zustand der natürlichste der Welt. Erst wenn man ihn selbst erlebt, erkennt man das Einfache darin. Tara Brach, eine amerikanische Psychologin und Meditationslehrerin drückt dies in ihrem Buch »Nach Hause kommen zu sich selbst« folgendermaßen aus: »Unsere letzte Zuflucht liegt nirgendwo anders als in unserem eigenen Sein. Durch jeden von uns strahlt ein Licht des Gewahrseins, das uns nach Hause führt. Wir sind von diesem leuchtenden Gewahrsein nie getrennt, so wenig Wellen je vom Ozean getrennt sind.«[18]

Einsichten zu Strenge und Milde

Diese wertvolle Erfahrung auf dem Retreat führte mich weiter in die Reflexion über Milde und Sanftheit uns selbst gegenüber. Weitere Fragen kamen hoch über das natürliche Verlangen nach einfachem Sein. Ich versuchte, das so tief zu untersuchen wie möglich. Warum sind wir so streng und fordernd uns selbst gegenüber? Was müssen wir verstehen, damit sich etwas verändern kann?

Normalerweise setzen wir uns selbst unter Druck. Oft leben wir mit einem Mangel an Sensibilität uns selbst gegenüber und spüren das nicht. Wir akzeptieren nicht, wie wir gerade sind. Manchmal mögen wir unseren Körper nicht: Wer von uns akzeptiert seinen Körper wirklich voll und ganz? Doch wie können wir dann zu Hause, in uns selbst ankommen? Wie können wir ganz wir selbst sein und in unserem Sein ruhen, wenn wir nicht akzeptieren, was wir fühlen und wie wir sind?

Mit diesen Fragen verließ ich den Retreat. Ich fühlte mich verändert, weicher und zarter. Meine Meditationspraxis veränderte sich schlagartig. Meine subtile Strenge und Härte fielen einfach weg. Ich war feinfühliger geworden, freundlicher und fürsorglicher mit mir selbst und auch mit anderen. Nun galt es, diese Haltung in alle Aktivitäten hineinzubringen und auch weiter zu erforschen.

Muße und Sanftheit

Muße ist im ersten Schritt ein Freiraum, den wir uns schaffen. Allein die Entscheidung für mehr Raum oder freie Zeit ist ein Akt der Selbstfürsorge und Selbstliebe. Wie soll die Seele atmen, wenn wir uns keine Zeit für sie nehmen?

Im nächsten Schritt können wir lernen, mit allen Erfahrungen, auch mit Kummer und Perfektionismus, auf eine andere, gesündere Art und

Weise umzugehen. Anstatt diesen schwierigen Gefühlen mit Widerstand zu begegnen, können wir unsere Reaktion beobachten und mit Freundlichkeit und Verständnis reagieren. Wir lernen, uns so liebevoll und mitfühlend um uns selbst zu kümmern, wie wir das bei einem geliebten Menschen tun würden.

Studienergebnisse zeigen eindeutig, dass eine sanftere, mitfühlende innere Einstellung, auch »Selbstmitgefühl« genannt, mit deutlich gesteigertem emotionalen Wohlbefinden und erhöhter Widerstandsfähigkeit einhergeht.[19]

Übung: Sanftheit entwickeln

Eine wunderbare kleine Übung kann uns helfen, das Gefühl von Sanftheit und Milde stärker in den Alltag zu bringen. Machen Sie es sich zur Gewohnheit, gleich nach dem Aufwachen ein mildes Lächeln auf Ihr Gesicht zu zaubern:

- Bewegen Sie dazu einfach die Mundwinkel ein wenig nach oben.
- Richten Sie die Aufmerksamkeit dann unterstützend auf Ihren Kiefer und bringen Sie Entspannung dorthin. Lassen Sie den Unterkiefer etwas los, werden Sie weicher.
- Spüren Sie, was sich im Gesicht und in Ihrem gesamten Wohlbefinden verändert, wenn Sie das Lächeln aktivieren und den Kiefer entspannen.

Führen Sie diese Übung immer mal wieder zwischendurch und auch kurz vor dem Einschlafen aus. Erleben Sie, wie sich das auf Sie auswirkt.

Ohne Muße keine Meditation

Die Muße ist eine wesentliche Voraussetzung für die Meditation. Wir müssen uns Zeit einräumen, um still zu werden und innezuhalten. In den Meditationsübungen werden die beiden Fähigkeiten Konzentration und Achtsamkeit wie Werkzeuge geschärft. Sie unterstützen uns bei der Selbsterkenntnis und der Potenzialentfaltung. Doch leicht passiert es, dass wir zu zielgerichtet, anspruchsvoll oder leistungsorientiert werden – auch auf den meditativen und spirituellen Wegen. Der Geist gerät unter Druck durch das, was er alles tun will, und wir haben Mühe, uns zu entspannen. Auch hier hilft die Muße als ausgleichendes Element, denn sie bringt die notwendige Leichtigkeit, Sanftheit und Frische in unseren inneren Entwicklungs- und Reifungsprozess.

Das Erforschen des eigenen Geistes geschieht vorwiegend in der kontemplativen Praxis und Meditation, wo wir die Sicht prüfen, indem wir uns selbst, andere und unsere Bezüge zur Welt im Licht des zunehmenden Gewahrseins betrachten. Wenn wir uns intensiver damit beschäftigten, sind die Stufen, die in diese innere Freiheit führen, ungeheuer differenziert, das zeigen vor allem die tibetischen Weisheitstraditionen auf. Aus dieser Perspektive beginnt die wahre Meditation erst, wenn der Geist wirklich still wird, also nicht mehr in Reiz-Reaktions-Mustern agiert. Der Geist findet in ein lassendes, offenes Gewahrsein. Auf den Stufen dieser Praxis stellt sich zunächst Einfachheit ein, der Geist wird frei von komplizierten Vorstellungen, und schließlich können wir in eine Art und Weise des Seins eintreten, in dem wir eigentlich ständig in der Muße sind.

Nach meiner beeindruckenden Erfahrung mit dem liegenden Retreat in Indien hatte sich meine eigene Meditationspraxis verändert. Ich wurde sanfter mit mir selbst. Ich hatte es als zutiefst förderlich erlebt, eine mußevollere Absicht in mein Leben und in die Meditation zu bringen. Als ich Christopher strahlend davon berichtete, bat er mich, gleich beim nächsten gemeinsamen Retreat einen Vortrag über meine Erfahrung zu halten. Das Interesse der Zuhörer war enorm. Viele fragten, wann ich einen Schweigekurs in diesem Stil anbieten würde – und schon ein halbes Jahr später gab es ein Retreat mit dem Fokus auf eine mußevolle, sanftere innere Haltung und der Möglichkeit, viel zu liegen. In diesen Schweigekurs, der auf dem bewährten strukturierten Zeitplan eines Retreats aufbaute, integrierte ich auch offene, nicht verplante Muße-Zeiten. Der erste Kurs war als Experiment geplant. Ich wollte schauen, wie die Achtsamkeitspraktizierenden und Meditierenden, die Anfänger und auch die Fortgeschrittenen, damit umgingen. Es war verblüffend, wie gut die Muße-Zeiten bei den Teilnehmern ankamen. Sie waren begeistert und manchmal berichteten sie von tieferen Seinserfahrungen und Einsichten während der Muße-Zeiten, nicht während der Meditation. Das galt für Anfänger und fortgeschrittene Übende gleichermaßen. In den Muße-Zeiten war tiefe Regeneration möglich, Innigkeit mit sich selbst und die Freude an den kleinen Dingen des Lebens blühte wieder auf. Das erzeugte ein Gefühl von Dankbarkeit und Frische, was wiederum die konzentrierten und erforschenden Elemente bei der Meditation unterstützte, zum Beispiel jeden Atemzug bewusst zu verfolgen und geistig präsent zu sein. Vielen gelang es so, immer geschmeidiger zwischen wacher Bewusstheit und gelöster Entspanntheit zu wechseln, sodass sich diese geistigen Zustände gegenseitig befruchteten. Gerade Anfänger fanden diese Art der Meditationseinführung weniger anstrengend. Sie erlebten trotz der notwendigen Disziplin, die ja beim Lernen von allen neuen Dingen benötigt wird, kostbare Momente einer wachen, geistigen Beruhigung.

Können wir Muße lernen?

Manche Menschen haben sich Muße in Form von alltäglichen Auszeiten, erfüllenden Tätigkeiten oder stiller, inniger Zeit mit sich selbst erhalten. Muße ist für sie lebendig und unabdingbar. Andere haben es nie gelernt oder verlernt, sich Muße-Zeiten zu gönnen. Sie müssen es (wieder) lernen, sonst fehlt ihnen eine wichtige Regenerationskraft, eine erfüllende Lebensqualität und das, was lebendige Kreativität ermöglicht. Ulrich Schnabel, Wissenschaftsredakteur der Zeitung *Die Zeit* und Autor des Buches »Muße. Vom Glück des Nichtstuns« sagt, dass wir die Muße nicht verlernen. Aber wir gewöhnen sie uns ab.[20] Zur Revitalisierung der Muße gibt es verschiedene Zugänge, die je nach Lebenslage und Vorlieben variieren. Die Reflexion der persönlichen Motive und Wertvorstellungen sind wesentlich. Finden wir einen ganz persönlichen Gewinn oder Sinn für uns, dann erhalten wir den nötigen Antrieb. Dem Beschleunigungsstrudel, der in so vielen Lebensbereichen unserer Gesellschaft herrscht, können wir uns nur mit einer großen Portion Entschlossenheit oder Selbstdisziplin entziehen. Wem das nicht leichtfällt, der kann es lernen. So bestätigen Neurowissenschaftler, dass sich auch bei Erwachsenen höheren Alters die Nervenzellen bereits nach wenigen Wochen durch geduldiges Bewusstseinstraining verändern. Wir können uns neurologisch und damit auch charakterlich verändern. Wandeln sich Charakterzüge, dann wandeln sich auch Verhaltensweisen und Empfindungen, sagt der Psychologe und Fachbuchautor Dr. Matthias Ennenbach.[21] Eine gute Gelegenheit für intensive Achtsamkeitsübung und eine Einladung zur Muße bietet eine stille Rückzugszeit unter erfahrener Anleitung. Dies möchte ich nachfolgend beschreiben.

»Lebenskunst heißt, jedem Augenblick gegenüber sensibel zu sein, ihn als neu und einzigartig zu betrachten, während der Geist offen und empfänglich bleibt.«[22]
ALLAN WATTS

In Stille üben

Seit vielen Jahren führe ich mittlerweile mit Christopher Titmuss klassische (Vipassana) Einsichtsmeditations-Retreats durch. Diese Kurse finden im Schweigen statt. Damit ist ein wichtiger Faktor ausgeschaltet, der von der eigenen Erfahrung ablenken könnte: das Reden. Die Anleitungen sind differenziert und außer Einzelgesprächen mit dem Lehrer wird die gesamte Zeit nicht gesprochen. Die Teilnehmer erleben die Stille im Haus, die dadurch entsteht, als sehr heilsam. Endlich können sie sich ganz auf sich konzentrieren, müssen keinen Smalltalk führen, dürfen sich eine innere Einkehr erlauben.

In diesen klassischen Retreats wurde lange nicht von Muße gesprochen. Doch andere Worte beschreiben die Ausrichtung, um die es geht, und das hat wiederum ganz viel mit der Fähigkeit und Haltung der Muße zu tun: zur Ruhe kommen, gelassener werden, loslassen lernen, die inneren Bewegungen wie Gedanken, Stimmungen, Emotionen und Vorstellungen wohlwollend annehmen und einen gleichmütigen Geist entwickeln. Das Entdecken der natürlichen Fähigkeit zu Güte und Freundlichkeit mit sich selbst und anderen gehört ebenfalls zu den Übungsfeldern eines Retreats. Dies wird durch sogenannte Metta-Meditationen (»Wohlwollen« oder »Liebende Güte«) geübt. Den meisten fällt auf, dass sie leichter anderen Menschen von Herzen Gutes wünschen können als sich selbst. So hat sich daraus eine inzwischen in vielen therapeutischen Ansätzen verwandte Selbstmitgefühlspraxis, (siehe auch Seite 165) entwickelt, die uns schließlich dazu führt, eine liebevollere und fürsorglichere Haltung uns selbst gegenüber zu finden.

Übung: Wohlwollen einladen

Mit der Herzmeditation (Metta) können wir Wohlwollen für uns selbst üben und damit bedingungslose Selbstliebe entwickeln. Wir lernen, Kontakt mit unserem Herzen aufzunehmen und so zuallererst Freundschaft mit uns selbst zu schließen.

Suchen Sie sich einen ruhigen Platz, machen Sie es sich bequem. Denken Sie einen Moment darüber nach, dass alle Menschen und fühlenden Lebewesen den Wunsch nach Glück, nach Sicherheit, nach Gesundheit und Unbeschwertheit haben.

Dann richten Sie Ihre Aufmerksamkeit auf die folgenden Sätze, die diese so wesentlichen Qualitäten kompakt ausdrücken, und wünschen es sich selbst. Sagen Sie sich jeden dieser einladenden Sätze innerlich vor. Nehmen Sie sich für jeden etwas Zeit. Versuchen Sie, damit in fühlenden Kontakt zu kommen.

Möge ich glücklich sein mit dem, was ist.
Möge ich mich sicher und geborgen fühlen.
Möge ich gesund und voller Vitalität sein.
Möge ich heiter und gelassen sein.

Diese Übung eignet sich wunderbar morgens oder abends, noch im Bett liegend. Vielleicht schreiben Sie die Sätze auf einen Zettel und schauen auch tagsüber erinnernd darauf.

Ein Retreat, wie wir es anbieten, ist Muße-Zeit und bietet zudem hervorragende Voraussetzungen, um Muße in ihren Facetten zu entwickeln. Neben dem Erlernen von Meditation, die die Aufmerksamkeit strukturiert schult, wird zu gewissen Zeiten eine ausdrückliche Erlaubnis zum Nichtstun gegeben. Die Bedingungen dafür sind ideal:

- Die Teilnehmer schweigen.
- Es herrscht heilsame Stille.
- Sämtliche Ablenkungen sind von vornherein verbannt oder auf das absolut Nötigste reduziert.

Auch die Psychologin, Philosophin und Zen-Meisterin Anna Gamma stellt fest: »Muße ist noch einmal etwas anderes als Meditation. Auch wer meditiert, braucht darüber hinaus Muße. Um wirklich schöpferisch zu sein, brauchen wir Zeiten, in denen wir nichts leisten müssen, ja sogar nichts leisten dürfen. Diese schöpferischen Pausen brauchen wir auch für gelingende Beziehungen. Alle haben Sehnsucht, friedlich zusammen zu sein, aber wir wissen gar nicht, wie das geht, weil wir zu wenig Muße geübt haben.«[23]

Achtsamkeit braucht Muße

Achtsamkeit ist ein wesentlicher Faktor, wenn wir bewusster leben wollen. Durch Achtsamkeitskraft können wir »sehen«, wenn wir in einem Extrem von Vorstellungen, Stimmungen, Konzepten gelandet sind oder die sinnliche Verbindung zur Welt verloren haben und nicht wirklich glücklich sind. Mit Achtsamkeit können wir zu Einsichten finden und unterscheiden, was heilsam ist und was nicht. Das heißt, wir können weise Impulse entwickeln, die unser Leben ändern. Doch leicht können Missverständnisse über die Achtsamkeit an sich entstehen. Wir könnten der Idee erliegen, dass das Ziel ist, »immer achtsamer« zu werden. Subtile Ansprüche finden darin Nahrung, denn ein »immer nur achtsam« gibt es nicht. Christopher Titmuss sagte mir mal lächelnd: »In meiner Gegenwart behauptete einmal ein Lehrer, der Buddha sei achtsam gewesen, jeden Augenblick, jede Minute, jeden Tag. Ich habe protestiert. In einer berühmten Rede erwähnte der Buddha, wir sollen Achtsamkeit in dem Maße entwickeln, wie es notwendig ist. Es braucht so viel Achtsamkeit, dass wir schädliche Angewohnheiten wie zum Beispiel das Rauchen lassen können.« Auch die Fähigkeit zur Gegenwärtigkeit muss durch den natürlichen körperlichen und geistigen Wach- und Schlafrhythmus automatisch Schwankungen unterliegen. Die Optimierung kann also nicht in einer immer »perfekteren« Achtsamkeit liegen, sondern im Bemerken der Schwankungen und in der Entwicklung von Einsicht in alle Prozesse. Die bekannte Meditationslehrerin Sylvia Wetzel schreibt: »Die Ursache der Freude liegt nicht in dem, was uns gefällt. Wahre Ursache der Freude ist in uns selbst zu finden, in unserer Fähigkeit, wach zu sein, wahrzunehmen und Freude zu empfinden. Freude entsteht, wenn wir für einen Augenblick die Aufmerksamkeit ganz auf das richten, was geschieht. Freude ist Gegenwärtigkeit. Jeder Augenblick der Freude ist ein Moment des Kontaktes mit der Natur unseres Geistes. Achtsamkeit bedeutet, sich zu entspannen und ganz für das zu öffnen, was geschieht.«[24]

Schauen wir aufrichtig hin, nehmen wir uns als Meditierende auf dem Kissen und auch im Berufsalltag immer mal wieder eine kleine Verschnaufpause. Meistens tun wir das »heimlich« oder auch unbewusst. Dann sind wir nicht wirklich konzentriert und nicht mit klarer Absicht bei der Sache. Wir dösen für eine Zeit vor uns hin. Meist versuchen wir, das zu verstecken, oder haben ein schlechtes Gewissen dabei. Doch die Wissenschaft bestätigt die erfrischende und belebende Wirkung: Dösen, ein kleiner Mittagsschlaf, auch als Power-Nap bekannt, ist keine Zeitverschwendung. Das Hirn benötigt und nutzt die Pausen, um Eindrücke zu verarbeiten. Wenn wir diesen notwendigen Prozess auch im Beruf und in der Meditation anerkennen, entsteht eine befreiende Freude.

Inzwischen biete ich seit mehreren Jahren spezielle Muße-Schweigekurse in Kombination mit den Übungen traditioneller Achtsamkeits- und Einsichtsmeditation an. Sie werden gern von Einsteigern genutzt, um einen leichteren, entspannteren Zugang zur Kunst der Meditation zu finden. Genauso nimmt eine größere Zahl sehr erfahrener Praktizierender mit zehn, zwanzig oder sogar dreißig Jahren Meditationserfahrung teil. Sie schätzen die Erforschung des Nichtstuns jenseits der Achtsamkeitsübungen und Meditationseinheiten in der vertrauten Retreatstruktur, in heilsamer Stille und in der unterstützenden Gesellschaft anderer Übender. Manche suchen aufgrund von körperlichen Einschränkungen wie Knie-, Hüft- oder Rückenschmerzen nach Alternativen zu den traditionell sitzenden und gehenden Meditationseinheiten. Und sehr viele wünschen sich einen geführten, meditativen Prozess, in dem sie lernen, sanfter und fürsorglicher mit sich selbst zu werden.

Ungewohnte Lange-Weile

Für Anfänger ist die Übung der stillen Meditation erst einmal ungewohnt, und bei den meisten treten Herausforderungen auf, wie ich sie ausführlich bei meinen Klostererfahrungen erlebt und im Kapitel »Klosterzeit« beschrieben habe. Bei den Muße-Zeiten braucht es hingegen keine große Erklärung, damit kann jeder, zumindest theoretisch, etwas anfangen. Oft macht sich bei diesen Retreats zunächst eine gewisse Ratlosigkeit breit, weil es sich für viele so ungewohnt anfühlt, unvermittelt unverplante Zeit zur Verfügung zu haben. Bei einigen tritt Langeweile auf. Wie wunderbar es ist, endlich einmal Langeweile zu haben, darüber spreche ich dann am Nachmittag in einem Vortrag und erläutere die positiven Seiten und das Potenzial, das darin steckt.

Warum nicht mal wieder eine lange Weile haben? Das Gefühl, nichts zu tun zu haben, nichts Nützliches zu tun? Auch wenn es sich zunächst ungewohnt, manchmal sogar unangenehm anfühlt, ist das Nichtstun doch für viele ein erstrebenswerter Zustand, nach dem sie schon lange suchen. Schon Friedrich Nietzsche hat die Langweile als »Windstille der Seele« bezeichnet. Für einige Teilnehmer ist die Herausforderung des Nichtstuns, einer komplett unverplanten Zeiteinheit, zunächst größer als die der Meditation im Sitzen. Viele Teilnehmer berichten von inneren Blockaden aufgrund ihrer familiären Prägung und dem jahrelangen Aktionismus. Das erinnert mich immer wieder mitfühlend an meine eigene Prägung und die erleichternde Schlüsselerfahrung, als ich während der Krebserkrankung meiner Mutter die ausdrückliche Erlaubnis zum Nichtstun bekam.

Ziel im Retreat ist es, sich eine wirklich tiefe Ruhe zu gönnen: eine Auszeit von allem Tun, Wollen, Planen und Sprechen, also jeglicher Kommunikation untereinander. In der Zeit des Nichtstuns soll auch nicht meditiert und keine Achtsamkeitsübung durchgeführt werden. Das schafft Freiraum. Die Teilnehmer können spazieren gehen, in die Luft schauen, die Zeit vertrödeln, ein Nickerchen halten, dösen, herumlaufen. Vertraute Ablenkungsquellen sind bei so einem Retreat weitestgehend ausgeschaltet. Digitale Geräte wie Mobiltelefone, Computer oder Fernseher haben hier keinen Platz und werden im gegenseitigen Einverständnis für die gesamte Dauer nicht genutzt. In diesem Sinne dient ein Retreat auch dem digitalen Fasten. Die Aufmerksamkeit wird von außen nach innen gelenkt, der Bewusstseinsraum wird offener dafür, eine nicht eingreifende, nicht wertende Präsenz zu entwickeln, die die Fülle an Gedanken, Gefühlen, Konzepten, Ideen und Bewertungen gleichmütig wahrnimmt. So kann der Geist wieder frei werden, durch das Schweigen, nicht Ablenken und den Bezug auf die Gegenwart. Bei all dem wird eine sanfte und mußevolle Absicht geübt und geschaut, was passiert.

Während des Kurses befrage ich in Einzelgesprächen die Teilnehmer zu ihren Erfahrungen in der Meditations- und Achtsamkeitspraxis. Am Ende, wenn das Schweigen aufgehoben wird, bitte ich alle, etwas von ihrer Erfahrung mit der Muße mit allen zu teilen. Die Berichte darüber berühren mich und andere oft sehr tief. Vor einigen Jahren beispielsweise nahm ein Professor für Jugendpsychiatrie mit seiner Frau an einem Kurs teil. Elemente der Achtsamkeitsmeditation waren ihm schon vorher vertraut. Doch neu war für ihn die explizite Beschäftigung mit der Muße. Zunächst konnte er kaum etwas mit seiner freien, unverplanten Zeit anfangen und fühlte sich fast überfordert damit, berichtete er. Dann ging er in den schönen Essensraum, um sich einen Tee zu holen. Dabei entdeckte er die wunderbare Gewölbedecke dieses Raumes. Er erzählte uns, dass er sich fast eine halbe Stunde ganz versunken mit dieser schönen Gewölbedecke beschäftigte. Er staunte über Details, die ausgefeilte Architektur, die Pfeiler, den feinen Schwung, die inneren Linien, die Verteilung der Deckennutzlast. Was er sah, war für ihn einfach perfekt, ein Meisterwerk. Ihm wurde bewusst, dass er sich schon jahrzehntelang keine Zeit mehr genommen hatte, sich auf diese Weise mit Architektur zu beschäftigten, dabei war Architekt sein ursprünglicher Berufswunsch gewesen. Er beschrieb, wie glücklich ihn diese Muße-Zeit gemacht hatte. Im Innehalten und Nichtstun hatte er eine alte Passion wiederentdeckt und war sehr dankbar dafür.

Sich wieder tiefer spüren

Sehr viele Teilnehmer berichten, wie sie durch die verordnete Muße-Zeit fühlend in Kontakt mit sich selbst kommen. Oft haben sie Tränen in den Augen, wenn sie darüber sprechen. Ihnen ist aufgefallen, dass sie sich das letzte Mal als Kind so herrlich unverplant, sorgenfrei und mit so viel Zeit gesegnet erlebt haben. Sie erinnern sich, wie sie beispielsweise in den Schulferien bei den Großeltern oft tagelang scheinbar nichts getan haben, spielend, ohne Druck und in einem süßen und geborgenen Gefühl von Zeitlosigkeit.

Manchmal ist es ein heilsamer Schock, sich darüber bewusst zu werden, wie weit die Erinnerung an dieses Gefühl zurückliegt, und sich zu fragen, wie man die kostbare Lebenszeit eigentlich nutzt.

So manches Mal habe ich Menschen erlebt, deren Einstellung zum Leben sich durch ein einziges Retreat völlig verändert hat. Sie beschlossen, ab jetzt wesentlicher zu leben. Sie wollten ihren Werten und den positiven Qualitäten einen höheren Stellenwert einräumen. Dazu gehören Dankbarkeit, Wohlwollen, Mitfühlen, Freude, Verbundenheit, Sanftheit und Güte. Ganz oft höre ich von den Teilnehmern, dass die Muße von nun an einen wichtigen Platz in ihrem Leben einnehmen soll. Denn sie haben erkannt, dass sie eine wichtige Voraussetzung für Entwicklung ist.

Interessanterweise gibt es auch in den buddhistischen Lehrreden über das Erwachen des Buddha Hinweise auf die Wichtigkeit der Muße. In den alten Texten wird erwähnt, dass sich der Buddha nach jahrelanger, teilweise sehr asketischer und intensiver Meditationspraxis an ein Kindheitserlebnis erinnert haben soll. Da saß er im Alter von etwa neun Jahren unter einem Rosenapfelbaum, wo ihn sein Vater abgesetzt hatte. Der Kleine hatte nichts zu tun und beobachtete einfach das Treiben um sich herum. In diesem Nichtstun fühlte er sich völlig gelöst. Durch die Erinnerung an diese kindliche Muße war es dem Buddha möglich, in Samadhi (einen konzentrierten und entspannten Zustand) einzutreten, in einen natürlichen Zustand des Geistes. Dann, so wird beschrieben, setzte er sich unter den Bodhi-Baum und erlangte das umfassende Erwachen. Vielleicht war gerade diese Rückbesinnung auf die Muße ein wesentlicher Faktor seines Erwachens?

Die Natur erinnert uns

Für mich ist ein Retreat in Stille, an zurückgezogenen Plätzen, in Kombination mit der Achtsamkeitspraxis die beste Möglichkeit, um die Muße zu erforschen und zu kultivieren. Doch es gibt auch andere Wege – und zwar unzählige. Viele Menschen schätzen die Natur als wichtigste Quelle für Besinnung und Regeneration, für Momente der Muße. In der Natur öffnen wir fast automatisch unsere Sinne. Wenn wir still werden und nichts wollen, dann spüren wir dort die Ruhe, die Zeitlosigkeit und den natürlichen Einklang mit der Welt. Es ist möglich, die Elemente der Natur mit allen Sinnen zu erleben, die Wärme der Sonne auf der Haut, den frischen Wind, der um die Nase weht, oder den würzigen Geruch der Erde nach einem heftigen Regenguss. Wir können einen alten Baumstamm berühren, in den weiten blauen Himmel schauen, den eleganten Flug eines Vogels verfolgen, das beruhigende Plätschern des Wassers hören oder den weichen Rasen unter den Füßen spüren. Die Natur lädt uns ein, im Augenblick zu verweilen und das pure Sein zu erleben. Das Müssen, Wollen und Machen ist in dieser intensiven Erfahrung ausgeblendet. Auch der Ausblick auf die Natur oder die gestaltete Natur in Form von Parkanlagen, Gärten, Wasserspielen oder Brunnen bietet von jeher die Gelegenheit zum mußevollen Verweilen. Das berichtet auch der Kunsthistoriker Professor Hans Hubert, der »Muße-Räume in höfischen Residenzen«[25] untersucht. Die Verbindung mit der einzigartigen Schönheit und den Wundern der natürlichen Welt ist immer möglich. Inwieweit wir uns dafür Zeit nehmen, hängt von unseren Lebensbedingungen und Werten ab und der Fähigkeit, der Muße Raum zu geben. Es gelingt vielen ganz leicht, in der Natur abzuschalten, weil das Interesse am natürlichen Erleben so intensiv ist.

Musik, Kunst und Spiel

Erfüllung und Versunkenheit finden Menschen seit jeher auch bei den Künsten. Verfügen wir über die Fähigkeit, vertieft der Musik zu lauschen und ganz darin aufzublühen, geschieht das, was auch in der Meditation kultiviert wird: Durch die Konzentration auf das Lauschen und das achtsame Nicht-Eingreifen entstehen Präsenz, Geistesgegenwart und direktes Erleben. Oft hebt sich das Zeitempfinden auf. Genau das kann beim Musizieren oder Musikhören geschehen, ebenso bei der Betrachtung von Kunstwerken, in der künstlerischen Tätigkeit oder auch im Spiel. Es gibt Menschen, die sich diesen Beschäftigungen leicht hingeben können und das als Muße-Zeit erfahren. Grundsätzlich stehen uns diese Tore für das mußevolle Erleben jederzeit offen. Ob und wann wir sie nutzen, hängt von unserer persönlichen Präferenz ab.

Reflexion: Die Kunst der Entspannung

Überlegen Sie: Wie finden Sie natürliche Entspannung? Denken Sie zunächst an körperliche Entspannung. Auf welche Weise können Sie physisch entspannen? Denken Sie auch an das Einschlafen oder die letzte Wellnessbehandlung auf einer Massageliege. Wobei können Sie loslassen und weich werden? Welche unterstützenden Bedingungen brauchen Sie, um sich zu entspannen? Welche Form haben Sie gefunden, um sich geistig und seelisch zu entspannen?

Den Kompass auf Muße einstellen

»Wenn wir den Mittleren Pfad finden, nehmen wir uns nicht aus der Welt zurück, verlieren uns aber auch nicht darin. Wir leben mit all unserer Erfahrung in ihrer ungeheuren Vielfalt. Mit unseren Gedanken, Gefühlen und Dramen. Wir lernen, Spannung auszuhalten, Widersprüche, den Wandel schlechthin. Wir öffnen und entspannen uns mitten hinein.«[26]

JACK KORNFIELD

Nach fast zehn Jahren intensiver Übung in Achtsamkeit und Meditation in Klöstern und an anderen Praxisplätzen, mit wunderbaren Vorbildern und Mentoren, spürte ich den inneren Ruf, wieder in einen ganz »gewöhnlichen« Alltag mit Berufstätigkeit, Freunden, Familie und Wohnsitz in Deutschland einzutauchen.

So nahm ich das Angebot von lieben Freunden in der Nähe von München an, wohnte erst einmal bei ihnen und suchte mir dann eine kleine Wohnung. Zunächst gab ich vor Ort Meditationskurse und nahm kleinere freiberufliche Projekte in der Organisations- und Projektberatung an, um meinen Lebensunterhalt zu verdienen. Nach einiger Zeit erhielt ich die Anfrage einer Headhunterin, die mich noch von früher kannte. Sie erzählte mir von einer Firma, die in den letzten Jahren sehr schnell gewachsen sei und eine Organisationsberatung brauche. In einem Nebensatz erwähnte sie, dass sie vor allem an mich gedacht hatte, weil ich ja für »starke Nerven« bekannt sei. Es handelte sich um eine Unternehmensberatung für Risiko- und Krisenmanagement. Der Geschäftsinhaber und sein Team waren allesamt ehemalige Mitarbeiter aus Spezialeinheiten der Polizei und des Militärs wie GSG 9, Kommando Spezialkräfte (KSK), Spezialeinsatzkommandos (SEK) oder der Geheimdienste. Sie setzten sich für die Abwehr krimineller Angriffe wie Entführung, Erpressung, Seepiraterie, Personenschutz und Wirtschaftsspionage ein. Auftraggeber waren global agierende Unternehmen, vermögende Familiendynastien und auch die Europäische Kommission. Ich war überrascht. Mit solch einer Branche hatte ich bis dahin noch nichts zu tun gehabt und wusste auch gar nicht, dass so etwas existiert.

Muße im Beruf: Neuland betreten

Ich staunte über die zunächst fremdartige Arbeitskultur in dieser Firma. Für mich war das eine ganz neue Welt, fast wie aus einem Kriminalfilm. Das war sehr interessant, obwohl ich nur organisatorisch in den Krisenfällen mitwirkte. Zunächst wurde ich beratend freiberuflich tätig und nach gründlicher Überlegung nahm ich das Angebot an und wurde Bereichsleiterin für die Administration. In der engen Zusammenarbeit mit der Geschäftsführung hatte ich nun täglich mit hochbrisanten, streng vertraulichen Themen zu tun und bekam auch die Hochspannung und den Druck der Verantwortlichen hautnah mit. Wobei es natürlich auch Tage gab, in denen nichts Aufregendes passierte und der ganz normale organisatorische Geschäftsbetrieb im Vordergrund stand. Trotzdem fühlte ich mich von Anfang an wohl unter den Kollegen, die zum Teil sehr speziell waren, denn sie hatten Kriege, Militäreinsätze, Gewalt und Konflikte aller Art erlebt. Einige hatten an ihre Behördenzeit eine akademische Ausbildung angeschlossen, in den Krisenstäben der Unternehmenssicherheit gearbeitet oder jahrelang besonders exponierte Personenkreise geschützt.

Im Unternehmen herrschte eine klare, wenn auch flache Hierarchie und manchmal ein für mich fast ruppig wirkender Ton zwischen den Männern. Obwohl mir so viel fremd erschien, stellte ich mit der Zeit erstaunt fest, wie andersartig die Kollegen genau die Qualitäten lebten, die ich aus einem ganz anderen Kontext kannte. Wahrscheinlich fühlte ich mich deswegen auf einer tiefen Ebene wohl und verbunden.

Die Ruhe bewahren

Meine Kollegen waren Experten im Umgang mit Krisen und Bedrohungssituationen aller Art. Je brenzliger eine Situation wurde, umso ruhiger wurden die Beteiligten. Sie strahlten mit ihrer langjährigen Erfahrung Gelassenheit und somit Vertrauen aus. Während ich beim ersten Entführungsfall meine innere Anspannung bemerkte und wie gebannt den Verhandlungsverlauf mit den Entführern und die Koordination mit internationalen Behörden verfolgte, blieben meine Kollegen besonnen und klar. Während mich das Geschehen emotional beschäftigte, waren die Einsatzleiter hoch konzentriert und zielgerichtet. Damals dachte ich: Es ist, als wäre ich in einem Notfallkrankenhaus tätig. Die Ärzte haben schon so viel erlebt, für sie ist das Routine. Sie geben ihr Bestes und haben gelernt, sich emotional nicht in ihre Fälle zu verstricken.

Dann fiel mir auf, dass es Gemeinsamkeiten mit Aspekten der klösterlichen Meditationspraxis gab. Denn das Kultivieren von Präsenz und eines klaren Geistes sowie die Fähigkeit, sich nicht zu identifizieren gehören in beiden Bereichen zu den wesentlichen Kompetenzen.

Mir wurde bewusst, dass ich beruflich in einer Hochleistungskultur gelandet war. Entspannungszeiten in diesem aufreibenden Arbeitsalltag schienen auf den ersten Blick fremd, besonders bei den investigativen und reaktiv eingesetzten Mitarbeitern war die

Stimmung spannungsgeladen. Würde man es an einem Ampelsystem messen, herrschte nie »grün« für Entspannung, sondern ständig »gelb« für Bereitschaft und dann natürlich immer wieder Alarmstufe »rot« für den sofortigen Einsatz.

Während ich fachlich meine Aufgaben erfüllte, fragte ich mich, warum ich nun ausgerechnet in dieser Firma gelandet war, offenbar gab es genau dort etwas für mich zu lernen.

Es stellten sich mir ganz praktische Herausforderungen: Wie zum Beispiel könnte ich unter diesen Umständen immer wieder innehalten, in meine innere Mitte finden und das scheinbar so Andersartige besser verstehen? Wie könnte ich meine Tätigkeit so gestalten, dass ich inmitten dieser besonderen Arbeitsatmosphäre eine mußevolle Haltung nicht vergesse? Zunächst schaute ich nach Gemeinsamkeiten. Anfänglich hatte ich den Eindruck, dass in dieser profitorientierten Firma keine meditative Achtsamkeit, keine Kontemplation und keinerlei Raum für Muße herrscht. Doch mit der Zeit erkannte ich, dass die Mitarbeiter nur einen anderen Ausdruck davon lebten. Meine Kollegen kannten eine besondere Form der Achtsamkeit. Sie waren bestens geschult, was ihre Präsenz in Einsätzen betraf, denn da war die Fähigkeit zu Achtsamkeit und Klarheit sogar überlebensnotwenig. Ich fragte nach, und sie beschrieben diesen Zustand als eine extreme Wachheit, als eine Fähigkeit, sich nicht ablenken zu lassen und sich voll zu konzentrieren. Sie spürten, wie das Adrenalin durch ihre Adern schoss. Sie nahmen jede kleine Regung in sich und im Raum wahr und waren in der Lage, Geist und Körper ganz still zu halten. Meine Kollegen hatten diese Kompetenzen während der aktiven Zeit in Sondereinsatzkommandos gelernt und immer wieder trainiert. In meiner intensiven Meditationsschulung wurden ähnliche Aspekte geübt, auch wenn die Absicht und Anwendung einem anderen Zweck dienten.

Während der hochkonzentrierten Einsätze war an Muße natürlich nicht zu denken, und auch die ständige Einsatzbereitschaft ließ scheinbar keine tiefere Entspannung zu. Von außen betrachtet schienen sie ja im Dauereinsatz mit ihrer Vierundzwanzig-Stunden-Sieben-Tage-Krisenfall-Rufbereitschaft. Sogar Urlaube wurden für akute Fälle unterbrochen. Muße-Zeit wurde nicht für wichtig erachtet. Ausgleich verschafften sie sich durch Bewegung, Sport und die Pflege von Hobbys wie Motoradfahren. Die Firma organisierte alle paar Monate sehr schöne Mitarbeiterevents, gemeinsame Ausflüge, Teamtrainings und Feste. Hier hatten alle, bis auf diejenigen, die gerade im Einsatz waren, die Gelegenheit, ausgelassen und locker miteinander zu feiern. Das unterstützte nicht nur das Teamgefühl, sondern auch die innere Entspannung. Der Geschäftsführer der Firma hatte schon seit Jahren einen kleinen landwirtschaftlichen Nebenerwerbsbetrieb mit einer kleinen Herde von schottischen Hochlandrindern. Auch in Rufbereitschaft fuhr er zwischendurch zu dem Offenstall, kümmerte sich um die Tiere und machte im Sommer Heu für den Winter. Das war seine Entspannung, dabei konnte er abschalten, sich ganz auf etwas anderes konzentrieren und auch mal einfach nur dasitzen und den Tieren zuschauen.

Muße und Arbeit

Die meisten Menschen sehen Freizeit als Gegenpol zur Arbeit. Freizeit ist für sie alles, was nicht Arbeit ist. Und Muße gehört dann fast immer in die Abteilung Freizeit. Das greift aber zu kurz, denn Muße ist ein Erlebenszustand, der die Begrifflichkeiten von Arbeit und Freizeit übersteigt. Schließlich ist erfülltes Tun sowohl während der Arbeit als auch in der Freizeit möglich. Ich habe schon an verschiedenen Stellen in diesem Buch angesprochen, dass Muße sowohl während einer Tätigkeit entstehen kann als auch dann, wenn wir nichts tun. Das Schreiben einer E-Mail im Büro kann mußevoll geschehen genauso wie die kurze Kaffeepause oder ein Blick aus dem Fenster, während wir unsere Gedanken schweifen lassen.

Ich stellte fest, dass mir so vertraute Begriffe wie »Muße« und »Innehalten« in dieser leistungs- und effizienzgesteuerten Arbeitswelt keinen Platz hatten, und strich sie im Arbeitsumfeld aus meinem Sprachschatz. Bei dieser Unternehmenskultur musste ich zusehen, nicht selbst in den Sog des Drucks und der Beschleunigung gezogen zu werden. Mein Arbeitsalltag war straff, und immer wieder gab es Krisenfälle, die für alle sofortiges Reagieren erforderten. An den vorhandenen Bedingungen konnte ich nicht viel ändern, aber ein wenig Spielraum hatte ich doch: Ich verlängerte meine Mittagspause von dreißig Minuten auf sechzig Minuten und blieb abends dafür länger. So konnte ich mittags etwas entschleunigen und mir auch Zeit für Momente des Nichtstuns nehmen. Das tat mir gut und bald verlängerten auch die meisten Kollegen ihre Mittagspause. Es war doch viel angenehmer, das Mittagessen in Ruhe zu genießen. Auch im Tagesablauf gelang es mir, immer mal für kurze Augenblicke innezuhalten. Ich installierte mir einen Bildschirmschoner, der mich in unregelmäßigen Abständen an das innere Lächeln und einen tiefen Atemzug erinnerte. Als Nächstes entdeckte ich die kleinen Pausen, die mit der auf Muße eingestellten inneren Haltung zu meiner alltäglichen Praxis wurden. Denn genau diese kleinen Pausen, die jeder auch im beruflichen Alltag hat, bieten die Basis für bewusste Muße-Zeiten.

Übung: Bewusst Pausen machen

Jede Tätigkeitsunterbrechung, das Öffnen des Fensters, das Verlassen des Raumes, der Gang zur Toilette oder in die Kantine, das persönliche Gespräch mit den Kollegen, kann als bewusste Pause genutzt werden. Die Perspektivänderung macht den Unterschied. Fragen Sie sich: Ist es Ihnen bewusst, wenn Sie Pause machen? Gönnen Sie sich Pausen als Auszeiten für das Gehirn. Lassen Sie Ihren Kopf auslüften.

Machen Sie über den Tag verteilt viele kleine Pausen. Atmen Sie zweimal tiefer durch, wenn Sie die Pause beginnen. Genießen Sie. Achten Sie auf Ihren Körper: Spüren Sie die Füße in den Schuhen oder die Zunge im Mund. Trinken Sie von Ihrem Getränk und nehmen Sie den Geschmack wahr. Oder tun Sie für ein paar Momente gar nichts. Wenn Sie die Pause beenden, dann atmen Sie zum Abschluss wieder zweimal tief durch.

Bewusste Pausen helfen, einen kompakten Arbeitstag zu lockern. Wirtschaftspsychologen und Arbeitsmediziner sprechen von einer »Pausenkultur«. Wer jede Stunde fünf Minuten an etwas anderes als die Arbeit denkt, senkt nicht nur den Stresspegel, er steigert auch seine Leistung.

Doch manchmal gibt es so viel zu tun, dass wir nicht wissen, wo uns der Kopf steht, und wir verlieren uns in der Arbeit. Mir ist das auch einige Male passiert, weil ein Krisenfall alle Aufmerksamkeit auf sich gezogen hat. Ich kam nach Hause und merkte, dass ich den ganzen Tag nicht bewusst innegehalten hatte. Am Abend war ich erschöpft, es war keine Energie mehr übrig, und ich landete matt auf dem Sofa.

Ich erkannte: Mit den kleinen Pausen über den Tag verteilt schaffte ich ein genauso großes Arbeitspensum, war aber viel gelassener bei der Sache. Und ich möchte aufgrund meiner Erfahrung anregen: In jeder Firma, auch unter Hochdruck-Arbeitsbedingungen, ist es möglich, Pausen zu machen. Denn jeder holt sich einen Kaffee/Tee oder hat die Freiheit, zwischen zwei Terminen oder vor dem Abschicken einer E-Mail durchzuatmen.

Wichtige Freiräume schaffen

Ich brauchte darüber hinaus aber auch Zeit für das, was mir besonders wichtig war, beispielsweise für meine Großeltern. Sie waren alt und krank, hier war nichts aufzuschieben, sie brauchten meine Unterstützung. Ich wollte Zeit mit ihnen verbringen, entspannt zuhören und mit offenem Herzen präsent bei ihnen sein. Ich wollte nicht warten, bis es ihnen schlechter ging, sondern mich jetzt um sie kümmern, um nichts bereuen zu müssen und selbst nicht unter Druck zu geraten. Genauso war es mir wichtig, weiterhin genügend Freiraum für die Leitung von Schweige-Meditationskursen in Klöstern zu haben. Das erfüllte mein Herz und beflügelte meinen Geist. Mir war klar: Zeit für mich und meine Anliegen war mir sehr wichtig – auch um einen Ausgleich für die spannungsgeladene Arbeitsatmosphäre in der Sicherheitsbranche zu finden. Ich besprach das mit meinem Arbeitgeber, bevor ich in die Festanstellung wechselte. Zwar sagte ich nicht, dass ich Raum für Muße brauchte, aber ich fand andere Worte, die ausdrückten, was mir wichtig war. Ich erklärte mit Nachdruck, dass ich Zeit für familiäre Angelegenheiten sowie für Regeneration brauchte, um dann in meiner Arbeitszeit wirklich voll und ganz mein Bestes geben zu können. Ich argumentierte also mit dem Begriff, der im Unternehmen großgeschrieben wurde: Prävention, hier gemeint als Krisenvorbeugung.

Trotz Vollzeitstelle und Führungsverantwortung für einen ganzen Bereich schlug ich also vor, jeden zweiten Freitag frei zu haben und diese Zeit für die »Prävention« zu nutzen. Mein Chef ging darauf ein, zwar nicht begeistert, doch ich hatte wohl etwas in ihm berührt, was er vielleicht auch sich selbst gern zugestanden hätte.

Das Innehalten und regelmäßige Hinterfragen meiner Prioritäten, das Beachten meiner Bedürfnisse und die Selbstfürsorge waren mir auch im Beruf sehr wichtig. Für einige Jahre war mein

Arbeitszeitmodell eine gute Lösung. So hatte ich Zeit für meine persönlichen Angelegenheiten und verbrachte einen Teil meines Urlaubs mit der Leitung meiner Retreats, die mir viel Ausgleich und Erfüllung schenkten. Dann verstarben meine Großeltern kurz nacheinander, und die Prioritäten veränderten sich. Ich engagierte mich im »Netzwerk Achtsame Wirtschaft«[27], führte Achtsamkeitstrainings in Unternehmen und Organisationen durch und coachte Führungskräfte, anfangs noch nebenbei. Es wurde notwendig, mir wieder Freiräume zu schaffen. Ich gab meine Anstellung in der Firma auf, blieb ihr jedoch als freie Projektberaterin verbunden. Seit fast zwei Jahren bin ich nun wieder an drei Tagen in der Woche als Angestellte dort tätig. Denn mir war klar: Dieses Buch zu schreiben braucht ein ausgewogenes Maß an zeitlichen Freiräumen und einen besonderen Arbeitsrhythmus. Und so entstand ein großer Teil des Buches in meinem sechswöchigen unbezahlten Urlaub auf Bali. Ein perfekter Platz, um sich zu besinnen und aus einer mußevollen Haltung heraus ins schöpferische Tun zu kommen.

Reflexion: Freiräume im Beruf schaffen

Gehen Sie in sich und überlegen Sie:

- Habe ich genügend Freiräume trotz Berufstätigkeit?
- Wünsche ich mir mehr Freiräume während des Arbeitsalltags?
- Welche Freiräume könnte ich mir in diesem Fall einrichten?
- Wünsche ich mir eine Arbeitszeitverkürzung? Welchen Nutzen hätte ich davon? Wäre es wichtig für meine gesundheitliche Prävention und Regeneration? Bräuchte ich mehr Zeit für meine wesentlichen Anliegen?
- Bin ich bereit, finanzielle Einbußen in Kauf zu nehmen? Was ist mir mein Freiraum wert?

Für viele Menschen ist es nicht einfach, sich mehr Freiraum im Leben und besonders im Beruf zu verschaffen oder etwas an ihren Gewohnheiten und Verhaltensmustern zu ändern. Ein zeitweiser Ausstieg aus der Hochgeschwindigkeitsgesellschaft ist aber essenziell, und sei es nur für viele kleine Momente. Dafür benötigt es Willensstärke und die Kraft, Nein zu sagen, wenn es zu viel wird. Dem Sog von Druck und Beschleunigung zu widerstehen, ist nicht einfach, und es braucht eine permanente Reflexion, um sich Klarheit über seine Ziele zu verschaffen und Schritte zur Selbstregulierung zu machen. Viele fühlen sich gerade im Job wie im Hamsterrad. Doch ein Hamsterrad hat keinen Motor, vielmehr treibt das Tier das Rad selbst an. Es wird nicht mal dazu gezwungen. Beim Hamster wie bei uns sind innere Antreiber am Werk. Es macht Sinn, diese kennenzulernen und als wesentliche Gegenspieler bei der Entfaltung der Muße zu erkennen.

Die inneren Antreiber kennen

Fühlen wir uns zunehmend überfordert, unzufrieden oder spüren wir Druck, liegen dem womöglich die sogenannten inneren Antreiber zugrunde. Es sind Botschaften und Glaubenssätze, die wir bereits in der Kindheit verinnerlicht haben:

- »Sei stark!«
- »Sei perfekt!«
- »Mach es allen recht!«
- »Beeil dich!«
- »Streng dich an!«

Das Konzept der inneren Antreiber stammt aus der Transaktionsanalyse. Es zeigt die Psychodynamik des Selbstwertgefühls und das damit verbundene Verhalten in zwischenmenschlichen Beziehungen. Diese psychologisch hochwirksamen und meist unbewussten Denkmuster beeinflussen unsere Wahrnehmung, unsere Entscheidungen und damit unseren

Lebens- und Arbeitsstil nachhaltig. Motivierende Denk- und Verhaltensmuster sind in der Regel Stärken, werden aber in Belastungssituationen zu Schwächen, denn die Grenze zur Selbstüberforderung verläuft dabei oft fließend. Die Antreiber können uns blockieren und in den Handlungsmöglichkeiten stark einengen. Diese Strategien entstehen meist schon in der frühen Kindheit, als wir versuchten, den elterlichen Ansprüchen und Vorstellungen gerecht zu werden, und glaubten, dass wir nur in Ordnung sind, wenn wir perfekt, liebenswürdig, stark, schnell oder fleißig sind. Folgen wir unseren Antreibern, verstärken diese lediglich den Mangel an Selbstwert. Ehrliche Selbstbeobachtung und der Wunsch nach Veränderung hin zu mehr Selbstbestimmtheit ermöglichen auch im Erwachsenenalter noch eine Einstellungsänderung und Neuausrichtung.

Als Führungskraft in meiner Firma, im vertieften Austausch mit anderen Berufstätigen und in meiner Tätigkeit als Dharma Coach (Dharma heißt »finden, was trägt« und ist ein zentraler Begriff aus der buddhistischen Weisheitslehre) wurde mir deutlich, wie viele Menschen sich innerlich getrieben fühlen und wie sehr ihre berufliche Tätigkeit, ihr Verdienst, ihre Erfolge und Misserfolge ihren subjektiven Selbstwert bestimmen. Viele scheinen den fühlenden Kontakt zu sich selbst verloren zu haben und erleben in den immer komplexer, schneller und unsicherer werdenden Arbeitsbedingungen eine zunehmende Orientierungslosigkeit. Ebenso viele Menschen – tendenziell unsere ganze Gesellschaft – scheinen angebliche Pflichten und vermutete Erwartungen anderer über die Verantwortung für sich selbst zu stellen. Sie tun die Dinge aus einem »Sollen« und »Müssen« heraus, nicht aus einem inneren Impuls. Entsprechend haben sie beim »Nichtstun« oder der Muße sofort ein schlechtes Gewissen und befürchten, als unzuverlässig oder nicht erfolgsorientiert zu gelten. Oder sie sind arbeitssüchtig und haben es verlernt innezuhalten, weil sie dann sofort wieder unruhig werden oder sich sogar als nutzlos empfinden.

Es berührt mich immer wieder, wie viele Menschen an ihrem Berufsleben leiden. Die wirksamste Strategie, die ich in den letzten dreißig Jahren diesbezüglich gefunden habe, ist die Entwicklung von Achtsamkeit in Verbindung mit Muße.

Ich lernte: Die Achtsamkeitspraxis ist im Berufsalltag von ganz praktischem Nutzen und sogar unabdingbar, wenn wir uns nicht von der Arbeitslast und den existenziellen Ängsten unserer Zeit überwältigen lassen wollen. Ich hatte im Kloster und auch danach auf dem Kissen gelernt, was es nun auf dem Bürostuhl, unter Hochdruck und in Meetings anzuwenden galt: den Geist beruhigen und sich konzentrieren, etwas mit ganzem Herzen tun; innehalten und reflektieren, um das Wichtige vom Unwichtigen, das Heilsame vom Schädlichen zu unterscheiden, sowie Anspannung und Härte mit Muße und Sanftheit zu begegnen.

Wir brauchen den Mut, auch »Nein« oder »genug« zu sagen, um Verlockungen zu widerstehen, die uns oder anderen nicht guttun. Es ist es möglich, »inmitten« jeder Erfahrung, jeder Arbeits- oder Lebensbedingung, jeder Angst und Sorge inneren Raum zu finden. Wir können Ruhe und Klarheit finden im Auge des Sturms.

Den Nutzen deutlich machen

In der Berufswelt zählen vor allem Argumente und eine dem Umfeld adäquate Wortwahl. Deshalb ist es sehr hilfreich, dass die Entwicklung von Achtsamkeit und Muße Rückendeckung durch die Wissenschaft und Hirnforschung erhält. Das schafft einen Vertrauensvorschuss und unterstützt alle, die diese wichtigen Qualitäten im beruflichen Kontext integrieren und etablieren wollen. Vor allem beim Thema Achtsamkeit ist das in den letzten Jahren eindrucksvoll gelungen. Im beruflichen Bereich wird Achtsamkeitstraining als wirksame Prävention gegen Stress und ergänzend bei der Burnout-Behandlung eingesetzt. Viele Berufstätige nehmen an Kursen zur achtsamkeitsbasierten Stressreduzierung teil, und immer mehr Firmen und Krankenkassen bieten genau dies ihren Mitarbeitern und Patienten an. In diesen Kursen werden auch Innehalten sowie Grundformen der Meditation geübt. Ziel ist vor allem eine körperliche Energiebalance und die Fähigkeit zur Selbstregulation von emotionalen und kognitiven Prozessen, ebenso das Finden von Ruhe. Auch ich stellte in meinem Buchbeitrag »Achtsamkeit im Berufsalltag« fest: In immer mehr Unternehmen wird Achtsamkeit in die Führungskräfte- und Teamentwicklung aufgenommen und trägt somit zu einer bewussteren und damit gesünderen Arbeitskultur bei.[28]

Dr. Norbert Rohleder, Professor für Human Resource Management an der Hochschule Mainz sieht auch in der Muße einen Schlüssel, um den Stress zu vermeiden, über den so viele Arbeitnehmer in Deutschland klagen. Er fordert in einem Aufsatz mehr Muße für Manager. Er rät, Freiräume zu schaffen und am besten eine Kultur der Muße »von oben« vorzuleben.[29] Führungskräfte sind als Vorbilder gefragt, denn sie können gegebenenfalls eine Balance von An- und Entspannung vorleben. Auch indem sie die Rahmenbedingungen mit flexibler Arbeitszeit und flexiblem Arbeitsort gestalten. Rohleder meint auch, dass die Generation Y, so wird die Generation genannt, die im Zeitraum von etwa 1980 bis 1995 geboren wurden, den Umgang mit Muße in den Unternehmen verändern wird. Denn Sie fordern mehr selbstbestimmte Zeit in Form von Elternzeit, Sabbaticals, flexiblen Arbeitszeiten und Homeoffice.[30]

Um den Wert der Muße für die Arbeitswelt deutlich zu machen, hilft eine sprachliche Feinabstimmung. Denn bei der Muße geht es nicht ums sinnlose Nichtstun oder gar Langeweile. Muße ist eine wichtige schöpferische Pause, die uns wieder mit unserem kreativen Potenzial verbindet. Innovation und Kreativität sind in unserem Informationszeitalter wichtige Ressourcen, die wir uns über die Fähigkeit zur Muße erschließen können. »Kreativ sein heißt, mit spielerischer Neugier nach neuen Lösungen zu suchen«[31], sagt der Neurobiologe Professor Gerald Hüther, ein Verfechter der Muße.

Muße und Kreativität

In unserer Arbeitskultur wird zu oft ausschließlich in Effizienzdimensionen gedacht. Dabei ist uns die Freiheit verloren gegangen, auch mal nichts zu tun – und damit der Raum und die Zeit für Reflexion, Entspannung und Kreativität. Zugleich hängen Unternehmen immer mehr vom Engagement, vom Wissen und von der Kreativität ihrer Mitarbeiter ab. Also von Menschen, die ihre Arbeit mit Begeisterung machen. Angestellte bringen entweder frische Energie ins Unternehmen oder Gleichgültigkeit und Schwere, weil in den Abteilungen Belastungen durch ständige Richtungswechsel, Prozessoptimierung und Dauerbelastung herrschen. Wir brauchen einen für uns passenden Rahmen, der nicht nur aus Leistung bestehen darf. Muße schafft eine wichtige Verbindung zwischen Konzentration und Entspannung. Sie unterstützt uns dabei, zwischen diesen Zuständen zu wechseln. Gerade im beruflichen Kontext ist es kaum möglich, nur fokussiert zu arbeiten, es braucht auch Momente, in denen wir loslassen, nichts tun und einfach nur wahrnehmen. Auch im Beruf benötigen wir für eine gewisse Zeit Freiheit von äußeren Anforderungen und damit Freiraum für neue Impulse und Sinnfindung. Momente der Muße wieder neu zu entdecken und einzuüben ist in unserer beschleunigten Zeit unabdingbar für ein gesundes und sinnvolles Leben.

Hirnforscher und Psychologen haben herausgefunden, wie wichtig Phasen der Absichtslosigkeit, des entspannten Nichtstuns sind – auch zwischen aktiven Arbeitsphasen. Sie fördern nicht nur die Regeneration und das Gedächtnis, sondern sind die Voraussetzung für Einfallsreichtum und Kreativität.

Muße-Zeiten sind nicht nur bewusste oder unbewusste entspannte Momente, wenn wir nichts oder »nichts Produktives« tun. Der Zustand der Muße kann sich auch im Tun einstellen. Wie ich es bereits mehrfach beschrieben habe, bis hin zum sogenannten Flow (siehe Seite 102). Dabei setzt sich kreative Energie frei und wir geraten in eine besonders produktive Schaffensphase. Auch während der Arbeit gibt es das. Für den Beruf ist diese sogar ganz wichtig. Man kennt es hinlänglich aus der Kreativitätsforschung: Die meisten guten Ideen kommen, wenn man nicht über die Aufgabe oder das Problem nachdenkt.

Übung: Kreativität einladen

Probieren Sie eine einfache Formel. Werden Sie sich bewusst, für welche Herausforderung Sie Kreativität benötigen, nehmen Sie sich einen Zettel und schreiben Sie auf: Wofür will ich kreativ sein?

Nehmen Sie sich dann schöpferische Zeit und lassen Sie Ihr Anliegen los. Nachdenken allein erzeugt keine Kreativität. Lassen Sie Zeit verstreichen, tun Sie nichts oder machen Sie einen Spaziergang in der Natur, nehmen Sie ein Bad wie Archimedes, der in der Badewanne zu seinen großen kreativen Durchbrüchen gekommen sein soll.

Nehmen Sie nach einiger Zeit (das kann eine Stunde, ein Tag oder eine Woche später sein) wieder den Zettel und schreiben Sie auf, was Ihnen in Bezug auf das Anliegen für Ideen kommen. Unterbewusstes und Bewusstes beginnen zusammenzuarbeiten. Manchmal sind es erste Einfälle und Ideen, die noch nicht reif sind, oftmals sind wir überrascht, woher die frische Inspiration kommt.

Wirklich keine Muße?

Eine Freundin von mir ist davon überzeugt, überhaupt keine Zeit für Muße zu haben. Kein Wunder, sie hat zwei kleine Kinder und befindet sich noch dazu in einer Ehekrise. Sie erzählt mir, als wie schwer sie diese Zeit gerade erlebt, und beschreibt mir das Dilemma. Nachts kommt sie kaum zur Ruhe, weil die Kinder unruhig schlafen. Der Tag besteht aus einer einzigen, nie enden wollende To-do-Liste, es herrscht permanenter Druck: die Kinder zum Kindergarten bringen und rechtzeitig abholen, den Halbtagsjob erfüllen und die schwierige Zeit mit ihrem Mann meistern, der zwei Burnouts hinter sich hat ...

Ich frage sie, ob sie denn überhaupt Zeit für sich hätte, in denen sie Muße-Momente erlebt. Sie schaut mich an und meint, das sei schwierig. »Ganz selten komme ich zur Ruhe. Und wenn ich Zeit hätte, mal ein paar Seiten in einem Buch zu lesen, dann boykottiere ich mich selbst und räume auf, putze die Treppe, und schon ist die für mich selbst verfügbare Zeit wieder weg, ohne dass ich sie genutzt habe.«

Während sie mir das erzählt, sitzen wir am großen langen Küchentisch. Sie schält ein paar Äpfel, denn sie will einen Apfelstrudel backen.

Ich frage sie: »Fühlst du dich unter Druck beim Apfelschälen? Denkst du an deine schwierige Beziehung? Fühlst du dich müde nach der schlaflosen Nacht?« Sie verneint und erwidert: »Ach, jetzt freue ich mich einfach, dass du zu Besuch bist und ich in Ruhe den Apfelstrudel vorbereiten kann.« Ich frage weiter: »Fühlst du dich jetzt gerade beim Apfelschälen gelassen?« Sie nickt und lächelt. Ich frage neugierig weiter: »Spürst du Zeitdruck?« Sie schaut mich verdutzt an: »Nein, ich fühle keinen Zeitdruck. Ich mache das gerade gern, ich fühle mich gelassen, und es ist – ja, erfüllend.« Ich wiederhole: »Du tust also gerade etwas, was dich erfüllt und dir Freude bereitet, und dabei fühlst du keinen Zeitdruck?« Sie nickt und beginnt zu lächeln. Ich entgegne: »Genau das ist Muße. Du erlebst gerade eine Muße-Insel in deinem Alltag und das inmitten all deiner Anforderungen als berufstätige Mutter.«

Meine Freundin ist immer noch etwas erstaunt, denkt nach und sagt: »Ja, du hast recht. Das ist ein Moment der Muße. Das hatte ich doch glatt übersehen. Und wie verrückt, ich muss mir einfach nur darüber bewusst werden. Ich war fest davon überzeugt, dass es Muße schon seit ein paar Jahren nicht mehr in meinem Leben gibt.«

Die Erfüllung ist näher als wir glauben

Genau das passiert ganz oft. Wir haben das Gefühl, die Muße sei weit entfernt oder sogar unerreichbar. Wir glauben, es brauche bestimmte Bedingungen, um sie zu erfahren. Doch in Wirklichkeit ist sie schon da, und zwar mitten im Alltag – verborgen und unerkannt. Für manche zeigt sich die Muße in Form von Inseln oder Oasen. Das sind kurze Zeiträume, in denen sie sich erfüllt, frei und ohne Druck fühlen. Diese Momente gibt es, sie bedürfen unserer wachen Aufmerksamkeit, sonst übersehen wir sie. Sie gehen unter in unserem geschäftigen Leben, in unseren Sorgen und Ängsten.

Anstatt zu pauschalisieren und zu meinen, in unserem Leben gäbe es keine Muße, können wir unsere Aufmerksamkeit darauf richten und unsere Annahme hinterfragen. Vielleicht haben wir schon lange nicht mehr bewusst auf die Muße geachtet. Dann sehen wir sie auch nicht.

Reflexion: Wo ist meine Muße im Alltag?

Begeben Sie sich auf die Suche nach Ihrer Muße inmitten des Alltags. Machen Sie eine Bestandsaufnahme und schauen Sie genau hin. Vielleicht möchten Sie sich Notizen machen, denn Gedanken sind flüchtiger als Geschriebenes. Fragen Sie sich:

- Gibt es Zeiten des Nichtstuns in Ihrem Leben? Denken Sie auch an ganz kurze Auszeiten oder Pausen, an die unkonventionellen und heimlichen Rückzüge, wenn Sie etwas Ruhe erleben möchten, etwa Kaffeepausen während der Bürozeit oder eine kurze Verschnaufpause auf dem Balkon.

- Wo und wann fühlen Sie sich für einen Moment erfüllt? Denken Sie zum Beispiel an Hobbys und Lieblingsbeschäftigungen.
- Wo und wobei erleben Sie ein kleines Stück Freiheit? Denken Sie hier auch an Entscheidungen, die sie mal getroffen haben, die Ihnen im Alltag inzwischen ganz selbstverständlich erscheinen, aber vielleicht erkämpft wurden, weil es Ihnen so wichtig war, wie zum Beispiel eine Arbeitszeitverkürzung oder eine Zeit ganz für sich.

Ein Kursteilnehmer kam, als er über die Muße in seinem Alltag nachdachte, zu dem Schluss: »In den letzten zehn Jahren kannte ich keine Muße mehr in meinem Leben, obwohl ich mich so sehr danach sehnte. Als die Kinder sieben und zwölf Jahre alt waren, hatte meine Frau einen schweren Autounfall. Sie überlebte schwerstverletzt, lag lange im Koma und kämpfte sich über mehrere Jahre wieder ins Leben zurück. Ich musste mich von heute auf morgen um alles kümmern, war voller Angst um meine Frau und versuchte, den Kindern Halt zu geben. Ich funktionierte nur noch. Niemand hatte mit so einem Schicksalsschlag gerechnet, und all das lastete unsäglich auf mir. Für Muße und Gelassenheit war da nun wirklich keinerlei Raum!«

Als ich ihn bat, genauer zu schauen, woher er die Kraft für diese schwere Zeit genommen hatte, erinnerte er sich an die Tage, oft am Wochenende, wo er schon um vier Uhr morgens aufstand, um von München in die nahen Berge zu fahren. Er stellte sein Auto auf einem Parkplatz ab, wanderte zu seinem Lieblingsaussichtspunkt, setzte sich auf einen Stein und sah dem Sonnenaufgang zu. Nach einer halben Stunde machte er sich auf den Rückweg, um rechtzeitig zu Hause zu sein, um den Kindern das Frühstück vorzubereiten. In diesen kurzen Auszeiten tankte er Kraft. Er genoss die Stille, lauschte dem Wind und dem erwachenden Vogelgezwitscher. In diesen Momenten vergaß er seine schwierige Situation.

Ich fragte noch mal nach: »Wie hast du dich denn bei deinen Auszeiten gefühlt? Waren diese Ausflüge für dich erfüllend?« Er nickte: »Ja, da habe ich die Natur wieder gefühlt und dann auch mich gespürt.« Und ich fragte weiter nach: »In diesen morgendlichen Stunden, fühltest du dich da irgendwie frei?« Er antwortete: »Oh ja. Beim Sonnenaufgang in den Bergen habe ich mich an das Große erinnert. Daran dass es doch jeden Tag so einen schönen Sonnenaufgang gibt. Auch an den schwierigsten Tagen und wenn ich nicht mehr weiterweiß, gibt es diese Sonnenaufgänge. Mich daran zu erinnern schenkte mir innere Ruhe.«

Ich entgegnete ihm: »Alles, was du aufgezählt hast, die Momente des erfüllten Seins, Gelassenheit und Freiheit, das Gefühl der Zeitlosigkeit, all das sind Merkmale der Muße. Du hast sie erlebt, in deinen ganz eigenen Muße-Oasen.«

Auf einmal fingen seine Augen an zu leuchten, weil ihm schlagartig bewusst wurde, dass die Muße doch niemals ganz weg oder für ihn unerreichbar gewesen war. Selbst in dieser schwierigen Zeit hatte er kleine Muße-Oasen erlebt. Er hatte sie nur nicht als solche erkannt und stattdessen eine traurige Vergeblichkeitshaltung und Sehnsucht nach der Muße aufgebaut.

Vier Wochen später erhielt ich eine lange Dankesmail von ihm. Begeistert beschrieb er seinen Erkenntnisprozess mit der Muße. Er hatte zunächst eine Liste mit Momenten angelegt, in denen er sich erfüllt, gelassen und frei fühlte. Mitten im Alltag. Es war erstaunlich. Plötzlich entdeckte er überall kleine, ganz individuelle Muße-Oasen in seinem Leben. Sogar bei der Arbeit, beim Aufräumen, im Garten, in der S-Bahn, bei Telefonaten mit Freunden. Ein weiterer Schlüssel war das Bemerken seiner Wahlmöglichkeit. Er erkannte immer schneller, wenn er sich bei alltäglichen Tätigkeiten unter Druck setzte und nicht entspannt war. Dann hielt er kurz inne und erinnerte sich an die Freiheit, seine Haltung zu ändern. Das war nur ein innerer Miniswitch, ein Moment des Aufmerkens: Das kann ich doch auch in Muße tun! Diese kleine, aber wichtige Entscheidung gelang ihm nun immer öfter. Und zwar nicht nur bei einem Spaziergang in der Natur, sondern auch bei Alltagstätigkeiten. So wurde zum Beispiel das Bügeln am Abend oder das Aufräumen der Küche kein Abarbeiten eines weiteren Punktes auf der To-do-Liste, sondern eine mußevolle Tätigkeit. In seinem Alltag entwickelte sich zunehmend eine mußevolle Grundhaltung. Er fühlte sich weniger getrieben und fand immer öfter in einen ausgeglichenen Lebensrhythmus. Er war sehr dankbar für diese neue Lebensqualität und schrieb voller Inbrunst, dass die Muße mittlerweile ein ganz wichtiger Wert in seinem Leben sei.

Individuelles Erleben

Manche Menschen schaffen sich Muße-Oasen eher unbewusst, zufällig oder nebenbei. Manche gehen auf die Suche, weil sie solch eine Sehnsucht danach haben. Nicht wenige Menschen sagen ganz klar: »Ohne Muße könnte ich gar nicht leben!« Für sie gehört Muße ganz selbstverständlich zum Alltag dazu und ist darin integriert. Sie empfinden sie als natürlichen Ausgleich zur täglichen Anspannung, finden sie in der Beschäftigung mit Musik, Kunst, in der Natur, beim Sport, im Zusammensein mit Freunden oder einem entspannten Sonntag auf der Couch.

In uns allen ist das Potenzial für ein erfülltes, gelassenes und freies Leben vorhanden. Ohne Muße allerdings wird uns das nicht gelingen. Daher ist es wichtig, ihren Wert für uns zu kennen und ihr einen angemessenen Platz einzuräumen, damit sich die Muße als kraftvolles Lebensprinzip entfalten kann.

Muße im Alltag zu kultivieren ist also eine kreative Aufgabe. Wenn wir uns die Gegebenheiten unseres Tagesablaufs vergegenwärtigen, haben wir auch die Chance, Freiräume zu erkennen, zu schaffen und zu nutzen. Wir können untersuchen, wie wir unseren wirtschaftlichen Aktivitäten Freude und Sinn geben können. Letztlich geht es darum, unsere schöpferischen Potenziale zu nutzen und gemeinsam mit anderen eine gesunde Arbeits- und Lebenskultur zu schaffen.

Dieses Buch beschreibt vor allem die Ebene des Individuums, denn der größte Handlungsspielraum liegt bei uns selbst. Wir alle haben die Möglichkeit, neue Sichtweisen und Gewohnheiten einzuüben, die uns selbst mehr Freiheit schenken und zugleich die Qualität unserer Beziehungen verändern, in unsere Arbeit hinein wirken und letztendlich unsere Gesellschaft mitprägen. Genau wie der indische Revolutionär Mahatma Gandhi meine ich: »Sei du selbst die Veränderung, die du dir wünschst für diese Welt.«

Anregungen für ein mußevolles Leben

Zum Schluss möchte ich Ihnen noch einige Anregungen für die Muße im Alltag auf den Weg geben:

- Spüren Sie Ihren Atem, während Sie Ihre Gedanken, Stimmungen, Pläne und Vorstellungen loslassen.
- Tun Sie zehn Minuten am Tag gar nichts.
- Nutzen Sie ein Wort oder einen kurzen Satz, der Sie in das Jetzt hineinführt. Zum Beispiel »Das Jetzt ist genug« oder »Ankommen«.
- Gehen Sie in die Natur, spüren Sie die belebte Kraft der Bäume, die Schönheit der Blumen, ein kraftvolles Gewässer und die Erde unter den Füßen. Spüren Sie die einfache Verbundenheit mit der Natur.
- Öffnen Sie Ihre Sinne, sie führen direkt ins Jetzt-Gewahrsein.

- Bringen Sie eine Extraportion spielerische Neugier in Ihre Achtsamkeits- und Meditationspraxis. Verbinden Sie Disziplin mit einer entspannten, klaren Absicht und beobachten Sie, was Ihnen wirklich guttut.
- Bringen Sie Sanftheit und Milde in Ihre Haltung sich selbst und anderen gegenüber. Lächeln Sie und lassen Sie den Kiefer los.
- Legen Sie Pausen ein, unterbrechen Sie Ihre Tätigkeit oder Arbeit, zelebrieren Sie kleine und große Auszeiten.
- Bringen Sie immer wieder eine frische Haltung in Ihre berufliche Tätigkeit und tun Sie das, was es zu tun gibt, mit ganzem Herzen.
- Ändern Sie wenn nötig Ihre Haltung: Versuchen Sie nicht, Herausforderungen möglichst schnell »loszuwerden«, sondern atmen Sie erst einmal durch und öffnen Sie sich für andere Sichtweisen »inmitten« der Herausforderung.
- Lauschen Sie einer Musik, singen, tanzen oder spielen Sie so selbstvergessen wie möglich.
- Schmunzeln und lachen Sie öfter über sich und die unfassbare Komplexität des Lebens.

Wir sollten nicht vergessen, dass die menschliche Gattung als Human-Being, nicht als Human-Doing bezeichnet wird. Die große Herausforderung unserer Gesellschaft ist nicht, mehr zu schaffen oder zu machen, sondern weniger zu tun, sich zu besinnen und kreative Lösungen für die enormen Herausforderungen unserer Zeit zu finden. Deshalb sollte es unser höchstes Bestreben sein, unsere innere Mitte und auch die äußere Balance zu finden – für ein glückliches Leben in Freiheit.

> *»Der Planet braucht keine erfolgreichen Menschen mehr.*
> *Der Planet braucht Erneuerer, Friedensstifter,*
> *Heiler, Geschichtenerzähler und Liebende aller Arten.«*
> Dem Dalai Lama zugeschrieben

Anhang

Verzeichnis der Infoboxen

Verzeichnis der Übungen und Reflexionen

Dank

Mein Dank gilt meinen Mentoren, die mich so liebevoll gefördert und gefordert haben. Ich danke meinen Lehrern, wozu ich auch die Menschen zähle, die ich bisher begleiten durfte.

Der Prozess des Schreibens, von der Einladung des Verlags bis zur Fertigstellung des Buches, hat fast zwei Jahre gedauert. Dabei haben mich wunderbare Menschen unterstützt, denen ich sehr dankbar bin: meine Zwillingschwester und ihr Mann sowie meine lieben Freunde und Gesprächspartner, die mir durch ihre Erfahrungen zum Thema immer wieder frische Inspiration geschenkt haben.

Besonderer Dank gilt meinem einfühlsamen Schreibcoach. Sie hat mich bestärkt, meine Fragen geklärt, mich ermutigt, meinen eigenen Stil zu finden und ihm konsequent zu folgen. Sie war mir über Monate eine ganz wertvolle Sparringspartnerin. Dem Verlag und meiner Lektorin danke ich für die leichte und fließende Zusammenarbeit.

Die intensive Schreibzeit war ein klärender Prozess für mich. Ich bin dankbar, weil ich damit etwas tun durfte, von dem alle meine Lehrer immer gesagt haben, dass es das größte Glückspotenzial im Leben eines Menschen birgt: das Teilen. Manchmal wird es auch Dienen genannt. Mit diesem Buch teile ich ganz persönlich Erlebtes mit der Absicht, die Facetten der Muße anschaulich werden zu lassen, um Inspiration, Unterstützung und manchmal auch Trost zu spenden. Ich selbst habe schon immer dann am meisten gelernt, wenn ich Wissen über persönliche Geschichten vermittelt bekam. Denn sie bleiben eher im Gedächtnis und verknüpfen sich im besten Falle mit eigenen Erfahrungen.

Möge dieses Buch allen seinen Lesern dienen, mehr Klarheit, Einsicht und Muße im Leben zu finden.

Literatur und Quellen

Brach, Tara: *Nach Hause kommen zu sich selbst. Im erwachten Herzen Zuflucht und Geborgenheit finden*, KOHA-Verlag, 2014

Dalai Lama: *Der Appell des Dalai Lama an die Welt. Ethik ist wichtiger als Religion*, Benevento Verlag, 2015

Dalai Lama: *Das Buch der Menschlichkeit*, Bastei Lübbe Verlag, 2002

Dalai Lama: *Der mittlere Weg*, Diederichs Verlag, 2010

Ennenbach, Matthias: *Buddhistische Lebenskunst. Das B-Prinzip*, Lotos Verlag, 2013

Germer, Christopher: *Der achtsame Weg zur Selbstliebe*, Arbor Verlag, 2012

Hanson, Rick: *Das Gehirn eines Buddha. Die angewandte Neurowissenschaft von Glück, Liebe und Weisheit*, Arbor Verlag, 2010

Hölzel, Britta, Brähler, Christine (Hrsg.): *Achtsamkeit mitten im Leben: Anwendungsgebiete und wissenschaftliche Perspektiven*, O. W. Barth Verlag, 2015

Kornfield, Jack: *Das weise Herz, Die universellen Prinzipien buddhistischer Psychologie*, Arkana Verlag, 2008

Kornfield, Jack: *Erleuchtung finden in einer lauten Welt: Buddhas Botschaft für den Westen*, Arkana Verlag, 2013

Nichtern, Ethan: *In dir selbst zu Hause sein, Buddhas Lehre für die heutige Zeit*, Arbor Verlag, 2015

Ricard, Matthieu: *Glück*, Nymphenburger Verlag, 2007

Salzberg, Sharon: *Metta Meditation, Buddhas revolutionärer Weg zum Glück*, Arbor Verlag, 2009

Suzuki, Shunryu: *Zen-Geist, Anfänger-Geist*, Verlag Herder spektrum, 2009

Titmuss, Christopher: *Erleuchtung ist anders als du denkst*, Waldhaus Verlag, 2007

Tolle, Eckhart: *Jetzt! Die Kraft der Gegenwart*, J. Kamphausen Verlag, 2010

van de Wetering, Janwillem: *Der leere Spiegel. Erfahrungen in einem japanischen Zen-Kloster*, Rowohlt Taschenbuch Verlag, 2012

Ware, Bronnie: *5 Dinge, die Sterbende am meisten bereuen. Einsichten, die Ihr Leben verändern werden*, Arkana Verlag, 2013

Wetzel, Sylvia: *Leichter leben. Meditationen zum Umgehen mit Gefühlen*, Lehmanns Media, 2013

Yongey Mingyur Rinpoche: *Buddha und die Wissenschaft vom Glück. Ein tibetischer Meister zeigt, wie Meditation den Körper und das Bewusstsein verändert*, Goldmann 2007

Yongey Mingyur Rinpoche: *Heitere Weisheit. Wandel annehmen und innere Freiheit finden*, Goldmann, 2009

Weiterführende Literatur zur Muße

Arlt, Hans-Jürgen: *Arbeit und Muße*, Springer Verlag (essentials) Taschenbuch, 2015
Bilgri, Anselm: *Vom Glück der Muße. Wie wir wieder leben lernen*, Piper Verlag, 2014
Dischner, Gisela: *Wörterbuch des Müßiggängers*, Edition Sirius. Bielefeld/Basel, 2009
Hodgkinson, Tom: *Anleitung zum Müßiggang*, Insel Verlag Berlin, 2013
Schnabel, Ulrich: *Muße. Vom Glück des Nichtstuns*. Blessing, München, 2010
Smart, Andrew: *Öfter mal auf Autopilot. Warum Nichtstun so wichtig ist*, Goldmann, 2014
Vahrson, Viola, Böhringer, Hannes (Hrsg.): *Faulheit*, Verlag König, Walther, 2008
Wetzel, Sylvia: *Achtsamkeit und Mitgefühl. Mut zur Muße statt Hektik und Burnout*, Klett-Cotta, 2015
Wetzel, Sylvia: *Einladung zur Muße*, Kreuz Verlag, 2012
www.musse-magazin.de

Anmerkungen

1. Bronnie Ware: *5 Dinge, die Sterbende am meisten bereuen: Einsichten, die Ihr Leben verändern werden*, Arkana Verlag, 2013
2. www.report-psychologie.de/fileadmin/user_upload/Thema_des_Monats/2016-02_Musse_-_Prof._Dr._Stefan_Schmidt.pdf
3. www.sfb1015.uni-freiburg.de/forschungsprofil
4. www.report-psychologie.de/fileadmin/user_upload/Thema_des_Monats/2016-02_Musse_-_Prof._Dr._Stefan_Schmidt.pdf
5. www.presseportal.de/pm/52678/3386569, Apotheken Umschau
6. Andrew Smart: *Öfter mal auf Autopilot*, Goldmann Verlag, 2014, Seite 7f.
7. Andrew Smart: *Öfter mal auf Autopilot*, Goldmann Verlag, 2014, Seite 35
8. http://gknaus.blogspot.de/2014/12/die-musen-und-die-mue-sind-miteinander.html?q=Sie+ist+heitere,+spielerische+Gelassenheit+und+vollzieht+sich+in+einem+Spannungsfeld+zwischen+Konzentration+und+Entspannung
9. www.hbk-bs.de/hochschule/personen/viola-vahrson/publikationen/index.php

10. Der Text von Amma findet sich unter anderem hier: www.newslichter.de/?lichtung=44921
11. www.dhamma-dana.de/buecher/ayya_khema-um_was_gehts_denn_eigentlich.htm (4. Abschnitt)
12. Jack Kornfield: *Das weise Herz*, Arkana Verlag, 2008, Seite 19
13. www.daf-focusing.de/wp-content/uploads/Baker-Zen-und-Focusing-1999.pdf, Seite 1 unten
14. Andrea Bittelmeyer: ManagerSeminare, Heft 176, Seite 52, 2013, vollständiger Artikel unter: www.gesundheit-und-stressbewaeltigung.de/Artikel_Managerseminare_2013.pdf
15. www.psych.uni-potsdam.de/people/rheinberg/messverfahren/Flow-FKS.pdf
16. http://ethik-heute.org/musse-der-herrschaft-der-zeit-enthoben/
17. www.annagamma.ch/zen.html
18. Tara Brach: *Nach Hause kommen zu sich selbst. Im erwachten Herzen Zuflucht und Geborgenheit finden*, KOHA-Verlag, 2014, Seite 395
19. www.selbstmitgefühl.de/forschung, Bezug zu Studien von Neff, 2012, siehe Literaturliste auf dieser Webseite
20. www.zeit.de/news/2015-05/27/arbeit-die-rueckkehr-der-muessiggaengernichtstun-ist-in-27094012
21. Matthias Ennenbach: *Buddhistische Lebenskunst. Das B-Prinzip*, Lotos Verlag, 2013
22. Zitiert nach Jack Kornfield: *Erleuchtung finden in einer lauten Welt. Buddhas Botschaft für den Westen*, Arkana Verlag, 2013, Seite 25
23. Psychologie Heute, 5/2015
24. Sylvia Wetzel: *Leichter leben, Meditationen zum Umgehen mit Gefühlen*, Lehmanns Media, 2013, Seite 151
25. www.sfb1015.uni-freiburg.de/forschungsprofil/projekte/raeume#b2
26. Jack Kornfield: *Das weise Herz*, Arkana Verlag, 2008, Seite 516
27. www.achtsame-wirtschaft.de
28. Britta Hölzel, Christine Brähler (Hrg.): *Achtsamkeit mitten im Leben*, O.W. Barth Verlag, 2015, Beitrag Nicole Stern: Achtsamkeit im Berufsalltag, Seite 248
29. www.pubiz.de/home/management/management_artikel/datum/2016/06/20/muessige-mitarbeiter-gut-fuer-unternehmen.htm
30. www.zeit.de/2014/10/generation-y-glueck-geld/seite-2
31. www.deutschlandradiokultur.de/auszeit-fuers-gehirn.970.de.html?dram:article_id=150186